EL LIBRO SOBRE DISCRIMINACIÓN

Historias de la vida real de luchas y triunfo

Gaby Abdelgadir

10-10-10
Publishing

EL LIBRO SOBRE DISCRIMINACIÓN – Historias de la vida real de luchas y triunfo
2da edición: junio 2021
Título original: THE BOOK ON DISCRIMINATION
Traducido del inglés por Erika Aguilar
Derechos de autor © 2021 Gaby Abdelgadir

ISBN:

Límites de responsabilidad y renuncias de garantía:
La autora y la editorial no se hacen responsables del mal uso del material incluido en la obra. Este libro es destinado con fines únicos de información y educación.

Advertencia – Descargo de responsabilidades:
El propósito de este libro es de educar y entretener. La autora y la editorial no garantizan a los lectores que, siguiendo las técnicas, consejos, ideas o estrategias mencionadas en el mismo, aquel tengo el mismo éxito. La autora y/o la editorial no deben ser culpados ni hechos responsables por nadie con respecto a algún daño o perjuicio causado, o presuntamente causado, directa o indirectamente por la información contenida en este libro.

Editorial
10 10 10 Publishing
Ontario, Canada

Impreso en Canadá y Los Estados Unidos de Norteamérica

Índice

Este libro está dedicado a cada niño, niña y adulto quien haya sido discriminado, intimidado, acosado o maltratado de cualquier forma.

PRÓLOGO

El Libro sobre Discriminación: Historias de la vida real de luchas y triunfos de Gaby Abdelgadir, fue escrito con la intención de ayudar al lector a comprender que, si alguna vez fue discriminado, maltratado o acosado por su color de piel, raza, cultura, religión o estatuto social, ¡no está solo!

Al leer las historias en este libro, sobre las constantes luchas compartidas por niños y adultos por igual, entenderán los tipos de discriminación que causan separación, división, agresión, violencia, abuso, rechazo, arrogancia, odio, depresión e incluso suicidio.

Somos programados por nuestras naciones, cultura, padres y medio ambiente para discriminar ciertas cosas y personas, con frecuencia de manera inconsciente, y esto se expresa en el comportamiento específico hacia los demás.

Gaby se caracteriza por continuamente y sin descansar marcar la diferencia en el mundo. Este libro es prueba de su compromiso, dedicación y pasión. Es una defensora innata de la equidad, igualdad, justicia y bondad en el mundo, y siempre sembrando conciencia sobre el prejuicio y su impacto en la sociedad. Al leer este libro, aprenderán la importancia de porque querer a todo ser humano, sin importar su raza, cultura, religión, estatus social o color de piel.

"Yo considero El Libro Sobre Discriminación de lectura obligatoria".

Raymond Aaron
Autor best-seller del New York Times

AGRADECIMIENTOS

En primer lugar, me gustaría tomarme un momento para agradecer a mi publicista, Raymond Aaron y su increíble equipo, por toda su orientación. y apoyo. Lo que he aprendido de él sobre escribir y comercializar un libro es invaluable.

Me gustaría reconocer y agradecer a mi mejor amiga, Thea Cosma, quien me empujó a terminar este libro, aunque lo tenía en suspenso debido a Covid-19, y por su apoyo continuo y ánimo.

Siempre estaré agradecida con mi gran amiga, Sahar Whelan, por su apoyo continuo, amistad y aliento en este proyecto.

Mi más sincero agradecimiento a mi cuñado, Dawit Fessaha, por su continuo apoyo y aliento como miembro de la familia.

Mi agradecimiento a mi buena amiga, Angie Bianco (también conocida como Italiana), por su continuo apoyo y animo al escribir este libro.

Agradezco a mi gran amiga, Tammy Williams, por estar al pendiente de mis metas y por alentarme a lograrlas, además por su continuo apoyo.

Mi más sincero agradecimiento a mi gran amiga, Mebrat Males, por la amistad de siempre, su apoyo y aliento continuo.

Me gustaría agradecer a todas las personas maravillosas que han compartido sus historias en este libro.

Mi más grande y profundo agradecimiento va a:
Lester Bailey
Sahar Whelan
Tammy Williams
Dr. Anthony Hutchinson
Shaundi Goins
Michael Huggins
Cheryl Karina Bromfield
Sutha Shanmugarajah
Marcelle Wynter

Estoy muy agradecida con todos los estudiantes de sexto grado en adelante que entrevisté y que compartieron conmigo sus luchas contra la discriminación e intimidación. (Sus nombres no serán incluidos para protegerles la identidad.)

Estaré siempre agradecida con todas las personas a quienes entrevisté al azar en un centro comercial, en las tiendas, en el tren y otros lugares.

CAPÍTULO UNO

¿QUÉ SE CONSIDERA DISCRIMINACIÓN?

"Camino despacio, pero nunca camino hacia atrás".
Abraham Lincoln

Avanzar o retroceder

¿Hacia adelante o hacia atrás?

¡Empecé a escribir este libro en septiembre del 2019, y mi objetivo era publicarlo a finales de abril de 2020 más o menos, ¡con una gran fiesta de lanzamiento y todo!

Mis amigos estaban tan emocionados que ya estaban haciendo planes sobre quién traería qué comida y bebida, etc. para el lanzamiento.

Obviamente, sucedió Covid-19, así que decidí posponerlo hasta que el problema de este virus desapareciera y la vida volviese a ser normal.

¡Sin saber que lo "normal", no sucederá en ningún momento próximo!

¡Pero este capítulo NO trata sobre Covid-19!

Este capítulo trata sobre las locuras que han ocurrido desde entonces. Se trata de lo que ha sucedido en los últimos meses, y sigue sucediendo, en el mundo. De hecho, ¡se está poniendo peor!

¡Racismo! ¡Matanza innecesaria! ¡Protestas! ¡Disturbios! ¡Peleas! ¿Necesito decir más?

¿Cuándo vamos a avanzar en lugar de retroceder?

¿Cuándo vamos a mirar más allá del color de piel de alguien, la raza o cultura?

¿Está realmente sucediendo esto en el siglo XXI? O sea, ¿de verdad?

¡¿Cuándo realmente VAMOS A MADURAR?!

Desde la brutal muerte de George Floyd, por la policía en Minneapolis, Minnesota, en mayo del 2020, he visto videos horribles – así como lo escribo, videos horribles - de casos similares.

Yo había dejado de ver las noticias desde el 2012, así que realmente no he estado al tanto de los asesinatos y todas esas cosas horribles que han estado pasando; esta fue mi primera vez, en mucho tiempo. Si hubo algo importante que mi familia o amigos creían que necesitaba saber, me llamaban. Y eso, solo si se trataba de algo que le sucediera a alguien que yo conozco, etc.

Durante los últimos meses, sin embargo, he sido bombardeada por las redes sociales con noticias, videos, comentarios... he visto videos tan horrendos que me han afectado físicamente, hasta el punto de vomitar muchas, muchas veces. No tuve otra opción que enviar mensajes privados a aquellas personas que me etiquetaban en dichos videos para que dejen de hacerlo.

¡Eventualmente comencé a bloquear a las personas que publican esos tipos de videos y mensajes!

Hemos llegado a aprender que "en lo que nos enfocamos, lo atraemos". De ninguna manera estoy diciendo que debemos callarnos o ignorar - NO.

Pero al difundir videos e historias de horror que sucedieron hace años de años, y además de lo que sucede hoy en día, simplemente estamos atrayendo más de lo mismo. Deberíamos detener esta locura sin multiplicar la imagen.

Como si esto fuera poco ... ¡hay que sumarle las peleas y discusiones en las redes sociales entre tanta gente! Como yo, hay muchos (tanto negros como blancos) que creemos firmemente que *"Black Lives Matter"* (La Vida de los Negros Importa), mientras hay muchos otros que discuten, y para ellos, *"All Lives Matter"* (La Vida de Todos Importa)

Estoy de acuerdo, al cien por ciento, que "La Vida de Todos Importa", pero lo que estamos viendo hoy en día (y que ha estado sucediendo con frecuencia durante muchos años, aunque no de conocimiento mundial) es que "solo" las vidas de los negros y/o personas de color se están perdiendo, es esa la razón por la que existe el lema La Vida de los Negros Importa, "BLM!"

La verdad es que no solo los negros han sido atacados a través de los años. Los musulmanes han atravesado por el odio en un momento u otro, y también los judíos. Incluso podría haber más grupos que han pasado por este odio; hechos de los que desconozco.

En el transcurso de mi vida, he trabajado en diversos países y junto a colegas de más de 300 nacionalidades, con diferente raza, cultura, religión, y estatus social. Aun así, nunca vi a ninguno de ellos por su origen, ni color de piel, o sus creencias personales. Siempre he respetado a todos por igual, y los vi por si eran personas buenas y respetuosas o no.

Entonces, ¿por qué no todo el mundo puede ser así? ¿Por qué vamos hacia atrás?

Ruego a Dios, el Todopoderoso, que este planeta se llene de AMOR, COMPASIÓN, BONDAD, y RESPETO

Definición de discriminación

El diccionario de Oxford describe la palabra "discriminación" como sigue:

"Tratar a una persona o un grupo particular de personas de manera diferente, especialmente de una manera peor de la forma en que trata a otras personas, debido a su color de piel, sexo, sexualidad, razas, edad y otros".

En mi opinión, la discriminación es mucho más, y más profunda de cómo lo describen todos los diccionarios. No es cuestión solo de tratar a las personas de manera diferente. Existe también el odio, la intimidación e incluso delincuencia y otras actividades involucradas en muchos casos.

En todos los casos, la discriminación causa dolor, sufrimiento, depresión, ansiedad y en el peor de los casos, ¡¡suicidio!!

Es por lo que estoy escribiendo este libro con tanta pasión para fomentar conciencia y educación sobre este tema en particular, en nuestra sociedad, especialmente después de ver a tantos jóvenes terminar sus vidas.

* * *

¿Quiénes sufren discriminación?

Aquellos con diferente color de piel.

Aquellos de diferente raza.

Aquellos de raza mixta.

Aquellos con diferentes creencias religiosas.

Aquellos con discapacidades.

Aquellos con acento diferente al hablar.

Aquellos que son inmigrantes.

Aquellos que son pobres.

Aquellos que no son tan guapos.

Aquellos que no son tan educados.

La lista podría seguir...

Aquí hay algunos ejemplos de cómo se ve la discriminación:

Una de mis experiencias personales de discriminación, es cuando iba a un restaurante con mi jefe o unos colegas, que resultan ser en su mayoría caucásicos. La mesera llegaba a la mesa y los miraba con una gran sonrisa en el rostro al tomarles la orden, y parecía que esa sonrisa se desvanecía tan pronto como fuera mi turno de ordenar. ¡Eso solía enojarme! Quiero decir, ¡realmente enojada! Y ¡triste!

7

Recuerdo, hace años, una mesera que incluso era negra, al tomar mi orden, no solo tenía cara seria, sino que también estaba ¡enojada!

El rostro le cambió por completo cuando llegó a mi sitio; mientras antes mostraba una gran sonrisa al tomar la orden de los otros colegas. Yo estuve tan enojada ese día que decidí volver al restaurante después del trabajo, a darle una lección.

Fui al restaurante después del trabajo y pregunté por el gerente, y le pedí que llamara a la mesera en cuestión. Le dije lo mal que me trató y que necesita cambiar su actitud y ser gentil con todos ¡No solo con los de piel blanca! Y le pregunté," ¿Cómo te sentirías si alguien te tratara igual y te mirara mal en un restaurante solo porque eres negra?

Trató de negarlo, pero la interrumpí de inmediato.

Hoy en día, no me enojo en absoluto. Al contrario, les sonrío (incluso si me tratan de manera diferente), los halago y así el ambiente cambia por completo.
Estoy segura de que mi nuevo enfoque está ayudando mucho a que ¡cambien su actitud!

Otro tipo de discriminación es cuando alguien anda en la calle con su hijo discapacitado, y la gente los mira de una manera extraña y ¡sin compasión! Lo sé de primera mano porque conozco muchas personas que tienen un hijo gravemente discapacitado y nadie quiere acercarse a ellos, especialmente cuando están en parques o siempre que estén en un centro comercial. ¡Es tan triste y patético!

Es discriminación cuando un padre trata a los amigos de sus hijos de manera diferente según ¡su raza!

Y claro, está también la discriminación en el lugar de trabajo, los empleados son discriminados sea por su raza, o cultura, o religión ¡O discriminación entre hombre y mujer!

¿Debería continuar? No, creo que es suficiente por ahora.

Sigan leyendo y comprenderán de lo que estoy hablando.

Notas

_____

_____

_____

_____

_____

_____

_____

_____

_____

_____

_____

_____

_____

_____

_____

_____

_____

_____

_____

_____

_____

Notas

_____

_____

_____

_____

_____

_____

_____

_____

_____

_____

_____

_____

_____

_____

_____

_____

_____

_____

_____

_____

Notas

_____

_____

_____

_____

_____

_____

_____

_____

_____

_____

_____

_____

_____

_____

_____

_____

_____

_____

_____

_____

CAPÍTULO DOS

DISCRIMINACIÓN RACIAL

"Odio la discriminación racial intensamente, y todos los aspectos en que se manifiesta. He luchado contra todo durante mi vida; lo lucho ahora, y lo haré hasta el fin de mis días".
Nelson Mandela

Los niños pequeños y la discriminación

Algunos dirán que conocen nuestro dolor;
algunos creen que no existe
Por Tammy Williams

Hace más de 40 años, en una pequeña ciudad del norte de Ontario en Canadá, llamada Sudbury, durante la temporada de lluvias primaverales, lo impensable sucedió. Era el tipo de día en el que tenías que brillar, un día lleno de esperanza y promesas. Para un aula de estudiantes de primer grado, el recreo era muy divertido mientras jugábamos en los charcos de agua y reíamos.

Sonó la campana, poniendo fin al recreo de la mañana. Corrimos adentro y nos quitamos la ropa y el calzado mojados. Una vez en el aula, se nos indicó que nos sentáramos en aquellas mesas redondas, con la cabeza descansando sobre nuestros brazos en la mesa.

Lo que sucedió después me cambió para siempre. El maestro pidió a todos los que tenían botas de lluvia que por favor vinieran a sentarse al piso y hagan un círculo para la hora de lectura. Ese día yo no tenía puesta las botas de lluvia. Me dejaron en la mesa sola mientras que el resto de la clase participaba en la hora de lectura. ¿Coincidencia? Creo que no. Esto me puso extremadamente triste.

Sonó la siguiente campana y era la hora del almuerzo. Esa tarde fue muy lenta para mí. La campana de salida no pudo haber sonado lo suficientemente rápida.

Cuando llegué a casa, mi mamá sabía que algo andaba mal, lloré desconsoladamente.

Finalmente, después de que dejé de llorar, le dije a mi mamá lo que había sucedió. Ella fue a la escuela conmigo al día siguiente y se aseguró de que aquel profesor se disculpase conmigo.

De niña, no entendí la experiencia que estaba viviendo tal cual. A medida que crecí, me di cuenta de que era un acto racista. Una pequeña e inocente niña de 6 años, que resultaba ser la única negra en la clase, que tampoco tenía botas de lluvia.

Era demasiado joven para entender, pero sabía que era diferente y por ende tenía que ser fuerte.

Tammy Williams
Constructora de sueños
IG: tammyunlimited
Fundadors de *Women Champagne and Real Estate*
Cuenta IG: champagnelivingbytammy
FB Women Champagne and Real Estate
tammywomenchampagne@gmail.com

¿Qué sucede cuando simplemente no lo sabes?
Por Lester Bailey

Déjame contarte una historia sobre mí.

Recientemente, un gran amigo mío me hizo una pregunta: "¿Alguna vez has enfrentado racismo y/o prejuicio?

Y de pronto, miré alrededor de mi casa, en el techo, en el suelo, me asombré de la gran cantidad de historias vividas y experiencias de racismo y prejuicio.

Mi historia comienza a principios de la década de 1960, cuando vivía en Chicago, en el Sur de la Ciudad. Mi madre nos mudó a esa área y fuimos la primera familia negra en el barrio. Yo no sabía lo que eso significaba hasta aquel día que por primera vez confronté el racismo y prejuicio.

Estaba en segundo grado de la escuela primaria, cuando conocí a esta joven. Ella era la chica más bonita para mí en ese momento. Fue mi primer día de clase, y una vez que la maestra me presentó a la clase, me dijo que tome asiento. Entonces, fui a sentarme al lado de la niña bonita. Ahora, siendo el único niño negro en el aula, pensé que era buena idea sentarme a su lado. Los otros niños del aula, sin embargo, no querían que me sentara junto a nadie. Ellos me dijeron muy claro que ¡no se sentaban al lado de *niggers! No entendí lo que ellos quisieron decir, y les dije que no era un *nigger. Dijeron: "Sí, lo eres, porque eres negro"

Hasta entonces, nadie me había dicho nunca que era negro. Toda la gente me parecía igual, y no tenía conocimiento de ser negro. Ese día me despertó al "color". Cuando finalmente llegué a conocer mejor a esa niña, y nos gustábamos mutuamente, los chicos del salón de clases comenzaron a perseguirme a casa y golpearme con regularidad.

nigger: insulto racista dirigido a la gente de piel negra, especialmente hacia los afroamericanos

Lester Bailey - Oficial jubilado de la Policía estadounidense. Emprendedor / Autor de best-sellers internacionales

* * *

Discriminación en el salón de clases:
Negro contra negro
Por Cheryl Karina Bromfield

"Aprendí que la gente olvidará lo que dijiste, la gente olvidará lo que hiciste, pero la gente nunca olvidará cómo los hiciste sentir".

Esas son las palabras de uno de mis mentores, la asombrosa Maya Angelou; y pues sí, esas palabras suelen ser verdad alguna vez, una y otra vez, y sin duda me llevan hacia 30 años atrás, sentada en mi aula del grado 2. Recuerdo, instintivamente, cómo me sentí en aquel entonces, en un momento en que debí sentirme llena de vida, de motivación, de creatividad y de alegría. Para mí, fue un vacío, oscuro y eterno, que, en mi cuerpecito, pareciera que no terminaría nunca.

Esta energía tan fría fue posible gracias a la presencia de una profesora, la menos favorita. Esta maestra, ya sea que ella se dio cuenta o no, me dio una amargura en la boca, en lo profundo de mi espíritu, que nunca olvidaré. Fue un capítulo lúgubre en mi desarrollo. Puedo decir honesta y dolorosamente que se destaca como el peor encuentro personal con el feo rostro de la discriminación.

La Sra. F. pareciera apuntarme con su mirada molesta y sus ásperas críticas, más que a cualquiera de mis compañeros. En su presencia, me sentí inferior, sucia, inútil, inadecuada, incapaz y hasta grotesca.

Me sentí avergonzada del color de mi piel en su presencia, cuando debí sentirme orgullosa. Día tras día, nunca sentí que pudiera realizar nada correcto de acuerdo con sus inalcanzable normas y estándares.

Cualquiera podría pensar que, siendo una niña negra al comienzo del año escolar, hubiese sentido esa emoción, sensación de conexión, afecto maternal, y/o compasión al tener como profesora una maestra negra. Inicialmente, lo sentí al verla, pero lo que recibí de ella no era lo que esperaba, y fue muy rápido, ni bien ella abriera la boca o sus ojos se encontraran con los míos.

El semblante de la Sra. F. decía sin duda: "No te metas conmigo, no te me cruces, y si te me cruzas, te haré sentir culpable cada día ". Cuando perdió los estribos, ¿cómo podría uno olvidarla golpeando su escritorio o el de un estudiante, con una regla larga de madera? Cuando esa regla golpeaba lo que sea, mi corazón daba un salto, y me imaginaba que los corazones de todos aquellos niños inocentes deben haber pasado por lo mismo, al escuchar ese sonido, el sentir era iagual para todos nuestros oídos telepáticamente. La ansiedad surgía en mi ser cada vez. Era como si yo misma me culpaba por sus reacciones incluso si no tuvieran nada que ver conmigo directamente. Esta reacción inesperada de la Sra. F. creaba un clima de miedo en la clase, que se sentía como un espesor en el aire. Temía ingresar a aquella clase todos los días, pero como era mi naturaleza y porque no sabía mejor, lo aguantaba, aun sintiendo que no había salida.

Recuerdo algo tan simple como cuando todos completábamos un examen de deletreo. En esta ocasión en particular, me demoré para terminar el mío. Yo era uno de los alumnos que, por ser tan perfeccionista, me aferraba a mi prueba hasta que estuviese segura de haber respondido todo de la mejor manera posible. Parecía que a la Sra. F. no le gustaba esto, ya que mientras recogía muy contenta las pruebas de quienes me rodeaban, ni bien se acercaba a mí, dejaba escapar un suspiro y preguntaba: "¡Cheryl! ¿ya terminaste? "con una mirada un poco molesta. Debido a su actitud, sentía un grado de miedo e intimidación, y me apresuraba para entregar mi prueba. Ella la agarraba con una cara seria y me daba las gracias con voz muy baja, que apenas se podía oír. Nunca olvidaré cuando ella daba lecciones de matemáticas y seleccionaba a estudiantes para que vayan a la pizarra y escriban las respuestas. Ella parecía disfrutar al llamar a sus estudiantes favoritos para que dieran su respuesta y los felicitaba con una breve sonrisa. ¡Verla sonreír era un milagro! Una verdadera rareza. A veces me seleccionaba, pero no con la misma calidez. Ahí me esperaba con el rostro serio, casi anticipado mi fracaso, y yo reaccionaba fisiológicamente con palpitaciones rápidas del corazón y las axilas sudorosas. Hacía mi mejor esfuerzo. A veces cometía errores y en esta ocasión, hizo que me quedara parada allí hasta que lo hiciera bien. Ella solo daba vueltas detrás mío de una manera severa e irritante, muy impacientemente. ¡Muy intimidante! Recuerdo las miradas indefensas de mis compañeros, pareciera como si quisieran poder rescatarme del centro de atención. Sinceramente, sentí que ella disfrutaba al humillar a la niña negra, uno de los pocos que había en el colegio. Sentía que me derretía de a pocos. Al volver a mi escritorio, exhalé.

La forma en que la Sra. F. me miraba, o en ocasiones interactuaba conmigo, era como si estuviese experimentando un mal sabor agrio, algo indeseable que le ocurría de pronto. Solía mostrar ese innegable, impecable, impenetrable sentimiento de vergüenza y culpa cada vez que le daba a un niño o una niña de ojos azules y cabello rubio elogios y una sonrisa, y cuando se dirigía hacia mí, era con una frialdad obvia y un gran contraste. Mi conclusión, desde aquella edad era que estaba siendo traicionada por los míos, comparada con otros, y discriminada ¿Por qué yo? A menudo me preguntaba y le decía a mi madre con lágrimas en los ojos. Si la Sra. F. trataba a los suyos con mano dura para enseñarles a superar las dificultades, y esa era su filosofía de enseñanza; pues fracasó; Falló tristemente. Después de aquel año, no tuve sentido sano de autoestima, ya que me sentí completamente sin poder.

Era una niña buena, enfocada, amable con mis compañeros y siempre dispuesta para aprender y mejorar. Ella no tenía ninguna razón para tratarme de la manera que lo hizo. Sufrí en silencio y me esforcé por superar cada día y hacer todo lo posible para complacerla. En ese entonces no contaba con las habilidades necesarias para lidiar con su discriminación, pero hoy si, especialmente siendo maestra de escuela. Veo las cosas a través de lentes distintos al no mostrar favoritismo en absoluto, sino más bien amor, aceptación y tratando a todos por

21

igual. ¿Siento una conexión especial con mis estudiantes canadienses AfroCaribeños? ¡Por supuesto que sí! Y me aseguro de no hacerlos sentir inferiores, sino más bien tan exitosos, tan llenos de potencial, y tan dignos de elogios como sus compañeros. Mi rescatadora, al año siguiente, en el grado 3, era una maestra negra que se desempeñó con todo lo mencionado anteriormente y con un toque maternal. Ella inspiró mi enfoque hoy. Mi filosofía de enseñanza se basa en la inclusión, y porque soy una amante de Dios, Él brilla a través de mí, y mi objetivo es que todos mis alumnos sienten esa calidez. Después de todo, me considero como el tercer padre, cuyo trabajo es educar, y lo más importante, amar.

Cheryl Karina Bromfield
Autor, maestro, fundadora de Amaziah

Falta de conciencia en algunas escuelas

Existía cierta hostilidad entre dos maestras de la escuela católica a la que fue mi hijo. Ambas eran caucásicas. Una enseñaba el grado 2 y la otra enseñaba el grado 3. En Grado 2, su maestra realmente lo estimaba, ya que era un alumno atento y sacaba altas notas todo el tiempo. Ella nunca lo miró como un niño negro y lo trataba por igual. Sus resultados finales de Grado 2 fueron todos A+ en cada curso. ¡Estaba tan orgulloso de él!

Luego, al año siguiente, cuando comenzó el grado 3, la otra maestra, que detestaba a la maestra de grado 2, hizo que su año fuera muy miserable, ya que ella lo trató tan mal y lo discriminó todos los días. A pesar de que hacía muy bien en pruebas exámenes, ella siempre encontraba la manera de que él no obtuviera ni un solo A. Un día, llegó a casa llorando y me contó todo lo que la maestra le había estado haciendo.

Estuve realmente conmocionada y molesta. Le dije que me encargaría del hecho. Al día siguiente, fui a la oficina del director y éste llamó a la maestra en cuestión. No hace falta decir que ella estuvo horrorizada al verme, una mujer enojada, y así muy silenciosamente negó que estaba tratando mal a mi hijo. Yo no me quedé tranquila con su respuesta, y le dije que si ALGUNA VEZ lo maltrataba o le ponía malas calificaciones sin argumento o incluso si lo miraba mal, no solo la demandaría, sino que compartiría la historia en todas las estaciones de radio y televisión del país.

¡La profesora empezó a ser más amable con mi hijo desde aquel entonces!

Este problema en realidad pudo haber sido una venganza de algún tipo contra la maestra de grado 2, pero que insensato es poner a un niño inocente en el medio del problema y hacerlo pagar por sus riñas personales, ¿no?

* * *

Entrevisté a muchos, muchos estudiantes entre los grados 6 y 12, así como algunos graduados, y aquí están algunas de sus respuestas:

* * *

Yo fui uno de los 2 niños negros en el aula de grado 8, y 2 de nuestros profesores siempre se metían con nosotros. Solían avergonzarnos delante de toda la clase si alguna vez el resultado de un examen o prueba no era superior al promedio del 60%. Hubiera estado bien si lo hubiesen hecho con todos, pero no era así. Había un niño blanco que apenas obtuvo 50%, ¡pero nunca lo regañaban delante de todos! Eso duele y nos hacía sentir que no éramos iguales a los demás.

* * *

Mis padres son originarios de Somalia, pero yo nací aquí, soy primera generación canadiense. Fui a escuelas públicas y desde el primer grado hasta el octavo grado, me intimidaron y me insultaron todo el tiempo. Algunos niños a veces solían arrinconarme y golpearme. Empecé a odiar la escuela y eso afectó mi confianza en mí mismo. Le dije a los maestros y al director, pero siempre ignoraron mis quejas. Luego, el verano antes de empezar la secundaria. Mi padre me inscribió a clases de karate para aprender a defenderme y eso fue lo mejor que me pudo haber pasado. Cuando empezamos la secundaria, los mismos chicos me arrinconaron el primer día de clases del grado 9. Se llevaron la sorpresa y lección de sus vidas cuando yo empecé a enfrentarlos uno por uno y los dejé con moretones. Al día siguiente, de repente, ¡querían ser mis amigos!

* * *

Somos de Filipinas y yo tenía 9 años cuando llegamos a Canadá. Mis padres me inscribieron inmediatamente a una escuela católica. En ese entonces, yo no tenía el mismo acento que los otros niños, no hablaba igual, y ellos siempre se burlaron de mí. Solía llegar a casa y llorar. Mis padres fueron y se quejaron con el director. Nada cambió. Incluso, uno de mis profesores me hacía repetir la misma frase muchas veces, avergonzándome delante de toda la clase mientras ellos se reían de mí. ¡Odiaba a ese maestro! Al memento de llegar a la escuela secundaria, mi acento había cambiado mucho y las cosas mejoraron. Pero todavía era víctima de sus bromas sobre mi país y mi cultura. ¡y Cultura!

* * *

Como podrás ver, soy chino. La primera pregunta extraña que un profesor me preguntó una vez fue, en la escuela secundaria: ¿Eres de la parte pobre o de la parte rica de la China? Me quedé consternado y pregunté a que se refería, a lo que me dijo

"¡He escuchado que aparte de Hong Kong, el resto de la China es muy pobre! " Qué tal insensatez, pensar así. Para lo que le pregunté si alguna vez había viajado a China, y ella dijo que nunca había salido de Canadá o de los Estados Unidos. Entonces, ¿De qué diablos hablaba esta mujer ignorante? Yo estuve muy molesto y cuando llegué a casa se lo comenté a mi padre. Para mi sorpresa, él se echó a reír. Cuando le pregunté qué era tan gracioso sobre eso, dijo: "Hijo, no puedes enfadarte con personas ignorantes, o sientes lástima por ellos, o si están dispuestos, los educas". Y esa fue una de las mejores lecciones que aprendí y que me ayudó en el futuro.

* * *

Somos de Pakistán y emigramos a Canadá cuando mis hermanos y yo éramos pequeños. Somos musulmanes, y cuando cumplí 10 años empecé a usar faldas largas, vestidos y camisas de manga larga. También usaba bufandas que cubrían mi cabello.

Siempre fui mirada con desprecio, incluso por el director de la escuela. Él nunca me miró a los ojos y nunca escuchó mis quejas. Mi profesora de inglés era muy amable y ella siempre me halagaba, lo cual me ayudó mucho a tener confianza en mí misma. No era la única niña que vestía de esa forma, pero las demás no estaban en la misma clase, y eran mayores. Algunos niños me insultaban y nunca me invitaban a sus fiestas de cumpleaños, etc. Incluso, algunos niños solían hacer bromas divertidas sobre mi religión y el profeta Mahoma. Eso era realmente molestoso, y me puse en cierto aislamiento por un tiempo. Me sentí triste y sola la mayor parte del tiempo durante la escuela primaria. La escuela secundaria fue un poco mejor e hice algunos amigos que eran cristianos. Se siente bien cuando no eres discriminado, los profesores incluso fueron más amables y mi vida empezó a mejorar.

* * *

Estas historias fueron algunas de las que escuché, de los numerosos jóvenes que entrevisté

Mi pregunta es: ¿No debería haber capacitación de liderazgo dedicada a las escuelas, a sus directores y a los maestros, para ayudarlos a enseñar al alumnado en general a parar y ponerle fin a la discriminación y el acoso? Es más, ¿No debería el gobierno decretarlo como LEY?

Habiendo compartido todas las historias anteriores, tengo que dar crédito a todos los increíbles profesores que (¡conozco personalmente a algunos!) tratan a sus estudiantes como si fueses sus propios hijos y no solo proporcionan educación, pero brinden mucho amor a sus estudiantes.

* * *

Crecer en una familia racista

Antes de continuar a compartirles más historias de otras personas, déjenme contarte sobre mis propios padres.

Mi padre era de origen turco, cuya familia emigró a Sudán cuando era joven. En Sudán, conoció a mi madre, quien era etíope.

Allá por los años 80, había algo de caos en el país, y cada persona soltera necesitaba una tarjeta nueva de identidad. En ese entonces, yo trabajaba para UNICEF, y recuerdo que nos enviaban con un chofer, en grupos, para obtener nuevas fotos y cédulas de identidad.

Un viernes por la tarde, mi padre vino a visitarnos como de costumbre, pero estaba enojado y temblando. Nos sorprendió, ya que por lo general era un hombre muy feliz. Mi madre le preguntó qué pasaba, y esto es lo que dijo "Le pedí al chofer que me dejara bajar del auto para ir a comprar frutas y mientras camina, un diminuto soldado negro, sosteniendo una ametralladora, me detuvo y me preguntó por mi identidad ". Mi mamá respondió: "Entonces, ¿cuál es el problema? Se supone que todos deben mostrar su tarjeta de identidad en todas partes cuando se le pide." Luego vino la conmoción: "¡Ningún negro me pregunta por mi identidad!" dijo mi padre. "Entonces, ¿qué hiciste", le pregunté. Su respuesta fue:" Le dije que se saliera de mi camino y que siga de largo, además que nosotros teníamos 30 esclavos ¡como el! ¡Y que solo les dimos la libertad hace 20 años! " ¡Todavía estaba enojado y temblando!

¡¡¡¡¡Y esto, viene de un hombre que se casó con una mujer africana!!!!!

Y luego está la historia de mi mamá. Ella se mudó a Etiopía en los años 90 y, en ese entonces, yo estaba trabajando en los Emiratos Árabes Unidos, así que la visitaba todos los años y ella me visitaba otras veces.

En una de mis visitas, una de sus primas llevó a su esposo a presentárselo.

Aquel hombre era muy exitoso, un verdadero caballero y muy educado. Recuerdo que llegó con un whisky Etiqueta Negra (una tradición cuando visitas a personas a las que respetas).

Él era realmente un etíope de piel muy oscura. Después del saludo formal y presentaciones, todos tomaron asiento. Las bebidas fueron servidas. Yo veía muy bien a la prima de mi mamá (la esposa) que estaba asustada. E inmediatamente supe por qué.

De pronto, mi mamá le preguntó lenta pero firmemente: "¿Eres limpio?" A lo que él respondió: "¿Qué quiere decir, señora?" La esposa respondió: "Sí, si lo es." Mi mamá le dijo: "¡No te lo pregunté a ti"! Entonces, ella se volteó hacia el hombre y le pidió que enumerara sus antecedentes, sus siete generaciones. El rostro del hombre cambió y la ira se empezó a acumular, pero rápidamente suspiró y sonrió. (Más tarde, supe que había sido advertido de lo dura y lo difícil que era de complacer mi mamá, y le habían dicho de ser paciente con ella y responder a todas sus preguntas.) Lo hizo, y mi madre parecía complacida con su respuesta, y comenzó la celebración, la comida, etc.

Pero yo no pude superar esa conversación así nada más, la tenía en mi mente, molestándome durante mucho tiempo.

Estoy eternamente agradecida de no haber heredado nada de eso, y que resulté ser una mujer muy diferente y de mente abierta en comparación a mis dos padres.

Resulté ser muy cariñosa y amable y atenta con todo tipo de gente, sin importar su origen, raza, religión o cultura, siempre y cuando compartiéramos los mismos valores y nos encontremos en la misma frecuencia de vida.

* * *

Una historia que siempre recordaré es sobre un colega que tuve mientras trabajaba para Union Carbide Sudan en Khartoum.

Ella era sudanesa, de piel blanca y tenía una hermosa cabellera larga negra. Terminó enamorándose de un hombre de negocios muy adinerado y exitoso quinen deseaba casarse con ella. El problema para la familia de ella era que él era realmente de piel oscura y tenía el cabello tupido.

Recuerdo una mañana cuando ella me llevó a una sala de juntas vacía, cerró la puerta y empezó a llorar. Era tan triste verla así, y cuando le pregunté qué había sucedió, su respuesta entre sollozos fue: "Mis padres no quieren que me case con él porque es de piel muy oscura. Mi madre me dijo: No puedes pretender que yo ande caminando con niñitos negros de pelo rizado".

¿Cómo llamamos a esto, ignorancia, estupidez, imprudencia o qué? Tomé asiento y mientras absorbía lo que acababa de escuchar, y después de un poco de silencio, le preguntó lo que estaba planeando hacer. Ella dijo que se iba a casar con él pase lo que pase, incluso si la echan de la casa.

Bueno, ella terminó casándose con él (los padres asistieron a la boda aunque no muy contento) y tuvieron 2 hermosos hijos y una ¡vida feliz!

* * *

¿Y qué decimos de algunas familias que no solo son racistas, sino que también intentan influenciar a sus hijos para que sigan su ejemplo?

Aquí hay algunas historias:

En la escuela secundaria, un muchacho anhelaba mucho pasar el rato y hacer amistad con otros muchachos muy populares y que eran de razas diferentes. No podía. Cuando le preguntó por qué no, me dijo que, si su padre se enteraba de que andaba con muchachos asiáticos y negros, le iba a quitar sus lujos: un coche que le había comprado, toda la ropa de diseñador, etc. Así que solo andaba con los niños blancos. "Había tantos muchachos con los que realmente quería ser amigo, pero no podía. Ahora que soy un adulto independiente, y vivo mi vida a mi manera, tengo algunos buenos amigos negros y asiáticos ¡Es la libertad! "

* * *

A esta chica musulmana le gustaba mucho este chico en la escuela secundaria cuando estaban en el grado 10, y comenzó a andar con él y sus amigos. Este niño era "blanco y cristiano".

Alguien le dijo a su padre que su hija estaba siendo un mal ejemplo para la comunidad, ya que ella estaba merodeando con unos muchachos cristianos blancos y unos judíos. No solo recibió la paliza de su vida cuando llegó a casa, sino que también se le prohibió ir a la escuela, y el padre contrató a una maestra y la educó en casa.

"Me fui de casa cuando cumplí los 19 años. Me quedé con amigos hasta que conseguí un trabajo, y finalmente pude mudarme a mi propio hogar. ¿Y adivina qué? Soy amiga de todo tipo de gente genial de mi edad, musulmanes, cristianos, judíos, hindúes, budistas, y créanlo o no, un ¡ateo! ", se rio. "Disfruto nuestras conversaciones sobre nuestras creencias religiosas personales, culturas, etc. Y si, a veces discutimos, pero terminamos acordando estar en desacuerdo y respetándonos los unos a los otros. ¡En mi opinión, al diablo con las reglas y regulaciones!", dijo.

"Mi padre ya no me habla y no puedo visitar a mi madre y mis hermanos. Algunos de ellos me ven en secreto y nos mantenemos en contacto. Extraño ser parte de mi familia, y aunque amo y respeto mi religión, me niego a que me dicten con quién debo y no debo ser amiga."

* * *

En una prestigiosa escuela secundaria, había 7 amigos, eran 2 coreanos, 2 negros, 1 latino y 2 caucásicos. ¡Ellos se volvieron inseparables! Siempre celebraban sus cumpleaños con una gran fiesta y pasaban la noche en la casa del cumpleañero. Todos estaban de acuerdo, con excepción de uno de los caucásicos. Cuando los amigos dijeron: "¿Entonces, estamos pasaremos la noche en tu casa? "El chico agachó la cabeza y de repente, se mostró increíblemente triste. El resto se sorprendió y le preguntó qué había pasado. Y respondió: "Mi mamá no permite que los negros se queden a dormir en mi casa! "

Hubo un gran silencio.

El día del cumpleaños celebraban afuera, pero obviamente, incluso los otros muchachos a los que se les permitía quedarse a dormir ahí se negaron, en apoyo a sus amigos negros.

¿Cómo se sintieron los 2 chicos negros? ¡¡¡Sin comentarios!!! La buena noticia es que los chicos no creían en la discriminación, y nunca cambiaron su forma de ser con sus amigos negros.

* * *

Soy un canadiense de primera generación porque nací aquí. Mis padres son de Eritrea. En la escuela, éramos solo un puñado de eritreos, etíopes y somalíes. Mi abuela, sin embargo, nunca quiso que me hiciera amiga de los etíopes y los somalíes. Cuando le pregunté por qué, realmente no tenía una respuesta que fuera convincente para mí. Por suerte, mi padre estaba de acuerdo conmigo y me dijo que siempre y cuando fueran buenos niños y vinieran de familias decentes, podría entablar amistad con cualquiera que quisiera. Eso no hizo muy contenta a mi abuela.

Sigue leyendo más historias ...

Notas

_____

_____

_____

_____

_____

_____

_____

_____

_____

_____

_____

_____

_____

_____

_____

_____

_____

_____

_____

_____

_____

_____

_____

Notas

Notas

_____

_____

_____

_____

_____

_____

_____

_____

_____

_____

_____

_____

_____

_____

_____

_____

_____

_____

_____

Notas

_____

_____

_____

_____

_____

_____

_____

_____

_____

_____

_____

_____

_____

_____

_____

_____

_____

_____

CAPÍTULO TRES

DISCRIMACIÓN EN EL LUGAR DE TRABAJO

Un cambio de color de piel en una persona no cambia a la persona. Conoce a los demás por su identidad y talentos no por su apariencia, raza o cultura.
Gaby Abdelgadir

Si no eres parte de la solución,
¡Eres parte del problema!
Por Marcelle Wynter

Yo trabajé para una universidad muy prestigiosa en el departamento de recursos humanos; en aquel entonces habían convocado a una gran empresa de telecomunicaciones para ayudar y esta trabajaba con el departamento de TI de la universidad.

El empleado de telecomunicaciones había estado en la oficina el día anterior, y noté que me estaba prestando mucha atención sin dirigirse a mí directamente, pero no pensé mucho en ello. Al día siguiente regresó con el empleado de TI de la universidad y comentó que había traído a su "Nigger" con él.

Escuché muchos murmureos de mis compañeros de trabajo y el empleado de TI estaba notablemente avergonzado. Ninguno de estos compañeros confrontó al trabajador de telecomunicaciones para defenderme. Yo no dije nada porque sabía que el empleado de telecomunicaciones quería que me molestara. Esa palabra, para mí, describe la mentalidad de la persona que lo usa, así que no me perturbó mucho. Al día siguiente, me llamaron a la oficina del gerente y a la oficina del director, y ambas personas me dijeron que aquella palabra que obviamente se usó en mi contra "no estaba destinada a ser un insulto racial.

"No denuncié el incidente, y nunca he reportado incidentes de este tipo en mis 17 años de trabajo en ese ambiente, y ese no fue el primero ni el último insulto racial que me habían hecho. Uno de mis compañeros de trabajo, que nunca habló cuando ocurrían los incidentes, siempre iba a quejarse en mi nombre. Me sentí muy ofendida cuando el director y el gerente me dijeron que el comentario no era un insulto racial. Envié una carta a la compañía de telecomunicaciones, diciéndoles que yo era una muy buena empleada y que necesitaban tener cierta capacitación en diversidad para su personal, y que las cosas necesitaban cambiar. Recibí una respuesta, pero como siempre, todo fue en vano.

Me sentía sola y nadie me ayudaba. Eventualmente dejé mi posición debido al estrés y la negatividad que estaba impactando mi salud.

Quiero señalar que la discriminación es real, pero por supuesto, hay muchos tipos distintos de discriminación, y este es solo uno de ellos. El racismo es grande porque afecta a una raza de personas que no tienen el poder para enfrentarse y luchar contra un establecimiento que ha sido creado para estar en contra ellos todo el tiempo. Espero que al conocer mas los unos a los otros lleguemos a entender que tenemos mucho más en común que las diferencias que nos separan, entenderemos que debemos celebrar nuestras diferencias en lugar de temerlas.

Marcelle Wynter
Autor

¿Es la ignorancia realmente una dicha?

Mi experiencia en mi búsqueda de trabajo en Canadá

"¿Cuál es tu origen, de nuevo?"

Este ejecutivo me preguntó por tercera vez en 45 ¡minutos!

Tenía un trabajo temporal y estaba buscando una oportunidad de tiempo completo. Vi un buen puesto disponible en línea y decidí aplicar y solicitarlo. Entonces, lo olvidé.

Tres semanas después, recibí una llamada del departamento de recursos humanos, y me programaron para una entrevista de una hora. En el día programado, me reuní con dos maravillosas damas que eran senior en el área de recursos humanos. Me informaron que 380 personas habían solicitado ese puesto, y que yo estaba en el top 10. ¿De 380? Estaba sorprendida y orgullosa de haberlo logrado el top 10. Me dijeron que se pondrían en contacto conmigo. Al final resultó que, llegué a los cuatro primeros y estaba programada para ser entrevistada por un par de gerentes, y si lo lograba, luego me entrevistaría con 2 ejecutivos.

No hace falta decir que mi segunda entrevista me fue muy bien y logré al top 2 y estaba lista para ser entrevistada por los 2 ejecutivos.

Yo y una castaña de hermosos ojos verdes fuimos las ganadoras. de 380 solicitantes.

Llegó el momento de mi entrevista con los 2 ejecutivos y para que sea más fácil, los vamos a llamar JJ y KJ.

JJ era impaciente, arrogante y carecía de conocimientos generales (¡incluso con su alto cargo!). KJ, por otro lado, era calmado, amable y educado. He aquí una reseña de cómo fue la entrevista:

JJ: ¿De dónde eres originalmente?

Yo: De Sudán.

JJ: ¿¿¿Dónde es eso???

KJ: Es en África. ¿Recuerdas a MS que solía trabajar con nosotros?, Él era sudanés.

JJ: ¿Oh, aquel negro? ¡Era tan negro que solo podíamos ver sus dientes en un apagón!

KJ: Su rostro, rojo de vergüenza, logró decir: Él era el mejor."

Yo: Conmocionado y probablemente boca abierta...

JJ: No muy impresionado por mi apellido, me preguntó cómo se pronunciaba.

KJ: Ab del gadir "¿Lo dije bien?" me preguntó con una sonrisa

Yo: Absolutamente. Así es como se pronuncia.

JJ: Intentó pronunciarlo varias veces sin éxito y estaba frustrado.

KJ: Fue un placer conocerte, Gaby, y estaremos en contacto contigo una vez la decisión sea tomada.

JJ: Si, claro; ¿cuál es tu origen de nuevo?

KJ: Yo te explico. Tenemos una reunión esperándonos ahora.

En conclusión, la bella castaña blanca de ojos verdes obtuvo el puesto. Un tiempo después, me encontré a KJ en el centro mientras estábamos ambos caminando en sentido opuesto. Se detuvo, me dio la mano y me preguntó cómo estaba. También me dijo que habían cometido un gran error con su elección, y que la dama que eligieron en vez de mí fue despedida dentro de sus primeras 5 semanas.

Después de aquella experiencia, me prometí a mí misma que no importa qué situación en la que podría estar, ¡nunca trabajaría con alguien como JJ!

Terminé siendo contratada a tiempo completo en una empresa de prestigio, trabajé con los mejores ejecutivos, el mejor equipo y grupo que nadie podría soñar.

Sigan leyendo; hay mucho más.

La lucha de una mujer educada
Por Sahar Whelan

¿Tener un doctorado te evita ser discriminado?

Mi amada difunta madre, la Dra. Tahia Elguindi, obtuvo su doctorado en bioquímica a la edad de 26 años. Ella emigró a Canadá en 1970. Encontró un trabajo que requería que una persona investigara exactamente de lo qué trataba su tesis doctoral. Ella pensó con certeza que sería contratada. Cuando tuvo su entrevista, este hombre le dijo: "Eres perfecta para el trabajo y eres la mejor candidata, pero no puedo contratarte ". Tahia Elguindi, sorprendida, preguntó por qué.

El respondió: "Porque tú eres de Egipto y yo soy judío, entonces no está bien ".

Mi mamá estaba devastada por esta realidad. Mas adelante, cuando ella solicitó trabajo, ocultó el hecho de que tenía una maestría y doctorado. Entonces, para alimentar a su familia, trabajó como técnico de laboratorio, donde la trataron mal y la acosaron hasta el punto de que un día, bajó corriendo las escaleras para alejarse de la intimidación, se cayó y se lastimó el tobillo y luego no podía caminar. Entonces, la despidieron.

¡Eso es lo que hace la discriminación!

Sahar Whelan, RPh, BSCPhm, MScPhm
Directora, Farmacia especializada de Concord

¡DIOS MÍO! ¡¡¿Ella es negra?!!

En la mayoría de mis oficios, pasé mucho tiempo hablando por teléfono: programando citas, reuniones de equipo, planeando eventos, organizando viajes, y mucho más.

En uno de mis trabajos, muchos ejecutivos de empresas grandes solían llamarme si mi jefe no les contestaba el teléfono. Yo siempre cubría por él. Bueno, debo admitir que a veces tuve que mentir porque estaba sentado al lado, pero no quería hablar con cierta persona en particular en un momento determinado.

Uno de estos ejecutivos siempre me preguntaba por teléfono. cuál era mi origen. Y mi respuesta siempre fue: "Lo tienes que adivinar ", y nunca le dije nada sobre mi origen.

En cada llamada, preguntaba: "¿Por qué no puedes decirme de dónde eres? Y yo diría, "Adivina". Hizo muchas conjeturas, en vano. "Es tu acento ... ¿Ucrania?" "No". "¿Bulgaria?" "No". Creo que debe haber mencionado casi todos los países de Europa del Este, lo que me sorprendió mucho.

Aproximadamente un año después, vino a nuestra oficina. Pasó delante mío y se fue directamente a la oficina de mi jefe, y preguntó en voz alta: "Entonces, ¿dónde está esta Gaby?" Mi jefe respondió: "Allá, está justo detrás tuyo; acabas de pasar junto a ella ".

El hombre se dio la vuelta para mirarme y luego dijo en voz alta (con algo de decepción), "¡Dios mío! ¿Ella es negra? Debería haber visto la conmoción y el silencio que tuvo lugar en nuestra oficina. Sin comentarios. La mayoría del personal en el piso lo escuchó. Todos ellos voltearon a mirarme preocupados y en estado de shock. Les sonreí y lentamente susurré: "Está bien, no estoy molesta. Adoro quién soy y de dónde vengo ". Hubo una mirada de alivio en sus caras. Mi jefe vino a disculparse conmigo después de que este tipo se fue. Estaba tan avergonzado.

45

Mi respuesta para alguien así sería una frase de William Shakespeare: "La ignorancia es la maldición de Dios; el conocimiento es el ala con la que volamos al cielo ".

* * *

Racismo ¿Dentro del Departamento de Policía? ¡Qué!

Por Lester Bailey

A finales de los años 80, me uní al Departamento de Policía de Chicago como novato, y ya había estado en las calles durante unos seis meses.

Una vez más, confronté tratos de racismo y prejuicios por un colega oficial de la policía. La primera vez que lo conocí, no quiso que trabajase con él. Pensé que era porque era un novato. Más adelante, descubrí que esto no tenía nada que ver con el por qué él no quería trabajar conmigo.

Un día, otro oficial y yo estábamos haciendo trámites en la calle desde nuestra patrulla, cuando observamos a dos jóvenes caminando. Otro coche patrulla llegó al lugar y detuvo a los dos jóvenes (una joven blanca y un joven negro), quienes se encontraban caminando por la calle 61 y Green. El oficial se bajó del auto y le preguntó al joven negro por qué estaba en la calle con una chica blanca. El joven respondió que ella era su novia. Luego le preguntó a la chica blanca por qué estaba andando con este negro. ¡Eso no me hizo sentir bien! Ella respondió que él era su novio. El oficial volteo hacia el joven negro y le dio una bofetada diciéndole que nunca en su vida debería ser visto con una joven blanca. Luego le puso las esposas y le ordenó a la joven que suba a la parte trasera del coche patrulla. Le dijo que la llevaría a casa ya que no tenía derecho a ser vista nunca más con alguien negro ni de raza inferior. Al joven le dijo que lo iba a meter en la cárcel por un cargo inventado.

Fue entonces cuando salí del coche patrulla y lo regañé. Le dije que no debería tratar a este joven así ni a ninguna otra persona negra. Por supuesto, discutimos en la calle por un buen tiempo, pero el joven negro pudo irse a casa con su novia. Mi compañero (que era un oficial blanco y observó todo el escenario) y yo estuvimos de acuerdo en que nunca dejaríamos que alguien trate a ninguna persona así.

¡Por supuesto, el oficial blanco racista y yo nunca nos llevamos bien! Una vez casi nos peleamos en la estación, por su prejuicio y racismo, y por lo bajo que pensaba de los negros. Finalmente, lo trasladaron a otros distritos. ¡Un triunfo!

Podría contarte cientos de historias que he vivido y presenciado.

Lester Bailey - Oficial retirado
Emprendedor / Autor de bestsellers internacionales

No ser lo suficientemente bueno para ser incluido

Una vez trabajé en una prestigiosa empresa corporativa y era la única mujer negra en la oficina.
Había muchos fanáticos de deportes en la oficina. ¡Quiero decir, fanáticos serios! ¡Incluyendo todos los ejecutivos!

Durante la temporada de juegos, uno de los ejecutivos siempre daba entradas a todo el equipo de trabajo.

¡Excepto a mí!

Yo siempre me concentraba en hacer mi trabajo, mientras los elogios; *¡Gracias! ¡Vaya, que bien! ¡Te apreciamos mucho!*, etc., etc., sucedían alrededor de mi cubículo, y nunca levanté la cabeza a echar un vistazo. Uno del equipo me dijo una vez: "Oh, Gaby, ¿quieres ir a ver el juego? Puedes tomar mi entrada e incluso puedo conseguirte otra para que lleves a Michael contigo (mi hijo)". Pensé que era muy amable de su parte, aunque no podía aceptarlas ya que tenía muchas cosas que hacer en casa

Un día, decidí levantar la cabeza (solo por curiosidad) mientras el mismo ejecutivo repartía boletos, y me di cuenta de que me estaba esquivando la mirando mientras entregaba las entradas a todos los demás. Supongo que quería ver mi reacción. Le di una sonrisa sarcástica (¡si puedes leer expresiones!).

Realmente nunca vi la diferencia entre los demás y yo hasta que me pasaron este tipo de cosas.

Como mujer negra, ¿no soy lo suficientemente buena para asistir a un partido? ¡El silencio es oro!

* * *

Discriminación en la educación superior
Por Shaundi Goins

Trabajé para una organización durante casi cuatro años como reclutador de universidad y consejero académico. Yo era el mejor de la universidad en mis dos roles. No solo era respetado por mis estudiantes, sino también estaba en alta estima entre mis compañeros, profesores y personal. Era el mejor en mi carrera de la educación superior porque me encantaba servir a los estudiantes para ayudarlos a vivir una vida exitosa y plena. Nadie era más apasionado y decidido o vivió para servir a sus estudiantes como servidor y líder transformacional, como yo.

A mitad de mi carrera como reclutador universitario y consejero académico, la oficina de admisiones se dividió en dos departamentos: el equipo de admisiones, encargados de inscribir nuevos estudiantes; y el equipo de asesoría académica, quienes trabajaban con los estudiantes actuales desde el primer día hasta la graduación. A pesar de que mi equipo (equipo de admisiones que tenía los mejores reclutadores que la universidad jamás haya tenido), fui transferido al equipo de asesoría académica.

Por qué el presidente de la universidad, de aquel entonces, ¿decidió transferirme al equipo de consejería académica en lugar de inscribir nuevos estudiantes universitarios?, es un misterio para mí incluso hoy. Pero como amo lo que hago por mis alumnos, acepté mi nuevo rol y lo realicé al más alto nivel.

Antes de que los cambios fuesen formalmente hechos por el presidente, el departamento de admisión y académico estuvo a cargo del director ejecutivo de admisiones y asesoramiento académico. Una vez que los departamentos se dividieron en dos, el equipo académico estaba dirigido por uno de los vicepresidentes de la universidad. Durante ese tiempo, quise ser promovida como asesor académico senior. Pensé, ¿y por qué no?, si ya no estaba en el departamento de admisiones, era hora que asuma un papel de liderazgo como asesora académica senior. En ese entonces, la universidad no tenía un consejero "senior" en el departamento de admisiones o consejería académica, pero como parte de los nuevos cambios dentro de los departamentos, la presidente decidió contratar y / o promover admisiones senior y consejeros académicos. Cuando me enteré de la noticia, estuve muy emocionada. Yo era la más veterana, talentosa, hábil y la persona más calificada para ese rol dentro de nuestro departamento. Cuando le dejé saber a mi supervisor que estaba solicitando el puesto, me hizo sentir como si fuera una buena candidata para ese rol. Yo tenía la certeza que el rol de asesor académico senior sería mío. Un par de semanas después fui traicionada por la universidad a la que entregué mi vida.

Un lunes por la mañana, mi gerente hizo un anuncio que dejó concertados a toda la universidad. Un nuevo asesor académico senior había sido contratado. Sin embargo, nadie en nuestro departamento ganó la promoción, ni siquiera yo. La persona a quien pusieron en ese puesto tenía un doctorado. y estaba a cargo de un departamento completamente diferente, un departamento que no tenía nada que ver con la consejería académica. Cuando se anunció que esta persona sería nuestro supervisor, también fue anunciado por nuestro jefe de departamento que la decisión era definitiva. Esto significaba que nadie podía solicitar y entrevistar legalmente para aquel puesto. Mi jefe de departamento sabía a quién tenían en mente para colocar en ese puesto de consejero senior, y nunca tuvo ninguna intención de promoverme.

Sí, ella me frenó. Ella frenó a la mejor consejera de admisiones y consejera académica que la universidad jamás haya empleado. Nunca pretendí ser la mejor en mi puesto, pero el ex presidente de la universidad, vicepresidente, todos los decanos, la facultad y el personal dijeron: "Shaundi, eres la mejor persona que hemos tenido en su rol. "Mis colegas también dijeron que yo era la ¡mejor! A pesar de ser la que mejor encajaba con el rol, se le dio a alguien que no tenía ni idea de cómo asesorar a estudiantes universitarios.

Debido a su falta de experiencia en este departamento, siendo un nuevo rol, ¿adivinen quién tuvo que entrenarla para convertirse en mi supervisor?

Todos aquellos con quienes trabajé en la universidad estaban en desacuerdo con esta decisión. Muchos de mis colegas sintieron que, si la universidad no veía mi valor y mis habilidades de liderazgo para liderar el equipo académico de consejería, entonces era el momento de trabajar para una universidad o institución que valorara mis habilidades que crean resultados para los alumnos y la escuela.

Mi mentor me enseñó hace mucho tiempo: "Si tienes habilidades para ayudar a una organización a prosperar, nunca tendrás que preocuparte por dinero ". Unos meses más tarde, después de trabajar como consejera académica, recibí un ascenso como subdirector de admisiones.

Lo que me hizo mi antiguo empleador y a otros grandes empleados de la universidad, era muy poco ético. En vez de colocar a los candidatos adecuados para los roles de liderazgo, se jugaron la tarjeta de "favoritismo", y contrataban y ascendían a sus amigos o empleados favoritos. El gran John C. Maxwell dijo una vez "Todo sube y cae con el liderazgo". La universidad que dejé está a punto de cerrar debido a malas decisiones de liderazgo.

Hace siete años, los estudiantes querían ser parte de esta Universidad de nivel. Hoy, los futuros estudiantes no le ven valor a asistir a esta universidad. Muchos estudiantes actuales esperan con ansias el momento de egresar o transferirse a otra institución de educación superior que les ayudará a alcanzar sus metas académicas. Es una historia triste, ¿verdad?

La discriminación es real hoy, en el siglo XXI. Estoy aquí para decirles que: "Vayan siempre donde sean celebrados, y no sólo tolerados. Haz todo lo posible para convertirte en un experto en tu área de trabajo. Si tu empleador actual no ve lo que vales, créame, otra organización lo hará. Si sientes que no tienes las habilidades de marketing para promocionarte en otras empresas, hazte un favor a ti mismo e invierte en un consultor exitoso de alto rendimiento que tenga un historial probado en ayudar a otras personas a alcanzar la grandeza en su vida profesional ".

Les envío amor, luz y magia.

Shaundi Goins
Fundador / CEO de SHAUNDI GOINS COACHING GROUP
Sitio web: www.shaundigoins.com
Correo electrónico: shaundigoins23 @ gmail.com

Notas

_____

_____

_____

_____

_____

_____

_____

_____

_____

_____

_____

_____

_____

_____

_____

_____

_____

_____

_____

_____

Notas

Notas

Notas

CAPÍTULO CUATRO

DISCRIMINACIÓN CULTURAL

"Estoy muy orgulloso de ser negro, pero ser negro no es todo lo que soy. Ese es mi trasfondo histórico cultural, mi composición genética, pero no es todo lo que soy ni es la base a partir de la cual respondo a todas las preguntas ".
Denzel Washington

¿Aún no estás casado?

¡Esto es lo que escuchaba una y otra vez!

La cultura más nefasta, tengo que decir, ¡es donde una chica tiene que estar casada a más tardar en los veinte años! ¿Por qué? En algunas culturas, es una vergüenza familiar cuando una niña no está casada siendo muy joven.

Asistí a la boda de la hija de una de las amigas de mi mamá. Tenía 27 años. La chica que se casaba tenía 23 años, y aparentemente incluso a los 23 ya era tarde para el matrimonio.

Una de las señoras mayores que mi mamá conocía muy bien, me preguntó en voz alta, "¿Cuántos años tienes ahora?" Le dije que tenía 27, y con una expresión de disgusto en su rostro me preguntó: "¿Cómo es que aún no estás casado? ¿Ninguno de tus compañeros de trabajo quiere casarme contigo?"

¡¡Estaba tan sorprendida!! Me enojé mucho, pero guardé silencio. Ella no quería parar, siguió comentando y preguntó: "¿Ningún hombre te ha pedido jamás que te cases con él?". Entonces no pude quedarme callada y le dije muy claro:"¿Y qué tal si yo no me quiero casar? Tengo un buen empleo, gano mucho dinero y viajo todos los años, entonces, ¿por qué necesito un matrimonio? "

Eso fue una sorpresa que quedó en los chismes durante mucho tiempo. Pero tuve que ponerla en su sitio.

Aquella mujer que trató de avergonzarme en público por no estar casada a los 27 años tenía 3 hijas. Las 3 se han casado antes de los 20 años. Una se divorció en 6 meses. La segunda se divorció en un año y medio. La tercera tenía 4 niños y, aunque no estaba divorciada, andaba ocupada en casa con los niños mientras su esposo se la pasa con mujeres más jóvenes.

¿Cómo le llamo a eso? ¿Karma? Me da pena por sus hijas, aunque no por ella.

Las cosas han cambiado un poco ahora, pero esta cultura y manera de pensar todavía existe en muchos países.

* * *

Ser soltera y afrontar la realidad
Por Sutha Shanmugarajah

Tenemos la tendencia de juzgar a las personas en función de su apariencia. Lo que vemos y lo que escuchamos de los demás en gran medida impacta lo que pensamos. ¿Es justo formarse una opinión en este momento? Como dice el refrán, "No juzgues al libro por la portada" Cada libro es diferente y único a su manera. Algunos son coloridos y atractivos a la vista, mientras que otros son sencillos y no tan atractivos, pero ¿vale la pena leer esos no atractivos? El contenido de un libro puede ser mucho más valioso que su atractivo. De la misma manera, hasta que tengamos la oportunidad de conocer a alguien, ¿es justo formarse una opinión?

Vengo de una cultura en la que las mujeres deberían casarse a más tardar a los 25 años, o al menos a los 30. Si no está casado para entonces, la gente comienza a formarse opiniones sobre ti y a menospreciar a tu familia. Aquellos que realmente se preocupan por ti, no hacen ningún alboroto, pero luego hay otros a los que les gusta señalar tus defectos para ofrecer algún tipo de explicación. ¿Será que estas personas son conscientes de que me están lastimando? ¿Alguna vez se han preguntado cómo se sentirían si se voltean los papeles? Me he convertido en el centro de la atención de toda conversación negativa y los miembros de mi familia son constantemente molestados con preguntas como, ¿Por qué su hija no se ha asentado? ¿Están buscando a alguien para ella? ¿quiere casarse? ¿Hay algún problema?" Todo esto no para desde hace años. Ya ni tengo ganas de asistir a ningún evento familiar. Las mismas preguntas no cesan de seguir en mi camino. Como quisiera gritar: "¡Por favor, déjame en paz y deja de lastimarme!"

"Nunca entenderás el daño que hiciste hasta que alguien te hace lo mismo; por eso estoy aquí ". – KARMA

Una mujer que no está casada o no tiene hijos es considerada sin valor alguno. No importa lo que haga, podría estar involucrada en otras actividades que ayuden a los menos afortunado o estar avanzando en su educación para una mejor carrera, todo eso es admirable, pero sin embargo no tiene ningún valor. Esta gente no se da cuenta que el matrimonio y los hijos no es para todos. Me hacen sentir como si tuviera una enfermedad terminal.

Luego están los hombres que piensan que las mujeres solteras de más de 40 años están disponibles para sexo en cualquier momento. En sus mentes piensan, ¿cómo podría una mujer sobrevivir sin estar en una relación? Ellos piensan que, tal como la comida, el sexo es necesario para sobrevivir, una mentalidad tan repugnante.

Todos nacemos en este mundo con un propósito diferente. Algunas personas mueren a una edad temprana, por enfermedad, accidente o por otras razones. La gente debe tener la oportunidad de vivir su vida como lo deseen. Desafortunadamente, se nos ha incrustado un guion en la mente de cómo debería desarrollarse la vida, y muchos son demasiado rápidos para sacar conclusiones precipitadas cuando las cosas toman un rumbo diferente.

Entonces, ¿por qué tenemos que andar y discriminar a las personas cuando no sabemos por lo que están pasando? Todo el mundo está pasando por algún problema, y esta experiencia forma parte del crecer y aprender, por ende, no debemos discriminar a nadie por el hecho que ciertas cosas falten en sus vidas. La razón por la que quería compartir mi experiencia es mostrar que este tipo de circunstancias y discriminación pueden afectar mental y emocionalmente a una persona.

Soy una mujer fuerte, capaz de defenderme, pero hay muchas otras mujeres afuera, que no son capaces de manejar estas situaciones.

Quiero decirles a todos: No dejes que nadie te discrimine por ningún motivo; luchar por tu derecho a hablar, y nunca dejes que nadie destruya tu paz interior. Tenemos derecho a tomar nuestras propias decisiones de vida, y ser felices con ellas; nadie tiene derecho a juzgar o discriminar a los demás.

Sutha Shanmugarajah
Embajador de servicio comunitario

Notas

_____

_____

_____

_____

_____

_____

_____

_____

_____

_____

_____

_____

_____

_____

_____

_____

_____

_____

Notas

Notas

_____

_____

_____

_____

_____

_____

_____

_____

_____

_____

_____

_____

_____

_____

_____

_____

_____

_____

_____

CAPÍTULO CINCO

FAMILIAS DE RAZAS MIXTAS

*"Mi origen mestizo me convirtió en una persona amplia,
capaz de relacionarse con diferentes culturas.
Pero cualquier mujer de color, incluso una mezcla
de colores,es visto como negro en Estados Unidos.
Así que así es como me considero: "*
Alicia Keys

5

Cuando naces de raza mixta

¡Esta también es una fantástica!

Habrás visto alguna vez a esos hermosos niños y adultos con distintas características.

Algunos tienen padres de dos orígenes y/o razas diferentes, y puedes imaginarte lo diferente que deben lucir.

Algunos tienen padres de ascendencia asiática y negra.

Algunos tienen padres de ascendencia asiática y caucásica.

Algunos tienen padres de ascendencia negra y caucásica.

Los niños nacidos del linaje anterior se les llama aparentemente "de color".

Al final resultó que, ¡vine a aprender y experimentarlo yo misma!

Lea mi historia en la página siguiente ...

¿De color? ¿Qué se supone que significa eso?

Hannover, Alemania

Una ciudad extremadamente hermosa y una de mis favoritas en Alemania.

A mediados y finales de los 80, visitaba Hannover con frecuencia. porque una de mis amigas más cercanas y su familia vivían allá. Pasé la mayor parte de mis vacaciones anuales allí; fue muy divertido y tengo grandes recuerdos de esos viajes.

Me divertí saliendo con mi amiga y sus hermanos, primos y otras amistades. Como a todos nos encanaba la música y el baile, íbamos a un club por las noches. Siempre me invitaron a bailar extraños, lo cual rechacé cortésmente, ¡ya que no me gusta bailar con extraños! Al menos esa es mi personalidad. Había muchos alemanes y otros europeos, así como varios africanos.

Un año durante mi visita, solo un par de días después de mi llegada, alguien me dijo: "Oh, ¡ya estamos todos enterados que la chica "de color" esnob ya estaba en la ciudad! "

Estuve tan conmocionada y un poco sorprendida. Entonces pregunté qué significa "de color" ya que era la primera vez que había escuchado el término "de color". La respuesta de cómo la gente lo veía en ese momento, realmente me molestó. Muy casualmente, la respuesta fue: "Oh, solo significa que la persona es considerada un "bastardo" -alguien de raza mixta, es decir, no es ni negro, ni blanco; solo así de color".

Lo más triste fue que fueron los africanos/negros quienes me llamaron la 'chica de color esnob!

Entonces me pregunté: "No soy blanca, lo que significa que soy negra, entonces, ¿por qué no soy aceptada como una persona negra al 100%?

Estaba tan enojada que tuve dificultades para dormir esa noche.

* * *

Una amiga muy cercana y yo estuvimos en Londres, Inglaterra, a finales de los 80. Mi amiga vivía en Alemania (es mestiza y aproximadamente un tono más oscuro que yo) y ella era un gurú de los mapas, mientras que yo siempre lanzaba el "vamos a tomar un taxi ", ya que odiaba los mapas.

Habíamos comprado entradas para asistir al concierto de Stevie Wonder. Él estaba dando concierto en Londres en el momento de nuestra visita, y mi amiga insistió en no gastar dinero en taxis, y que deberíamos salir temprano y tomar el tren.

En cierto momento, decidió preguntar sobre cierta calle, y ya que dos señoras inglesas mayores caminaban hacia nosotras, ella se acercó a pregúnteles mientras sostenía el mapa abierto en sus manos. ¿Te puedes imaginar que paso?

¡Ambos gritaron y salieron corriendo! ¡Porque éramos mujeres negras!

* * *

71

En 2009, mi hijo y yo fuimos a visitar a otra amiga cercana y a su familia. en la hermosa ciudad de Erding, cerca al aeropuerto de Munich.

Tenía un gran dolor de estómago y le pedí a mi amiga que me llevara a la farmacia.

No había estacionamiento, así que le dije que ella se quedara en el coche y yo bajé y me dirigí a la farmacia. El farmacéutico me miró fijamente como si yo fuese un fantasma de algún tipo. Dije hola, sin respuesta. Luego lentamente le dije que necesitaba algo para ayudarme con el dolor de estómago. Seguía mirándome y no me respondió. Le pregunté si hablaba inglés, sin respuesta. Entonces otro caballero entró y estaba mirando los medicamentos de venta libre. Me escuchó decir: "¿Me estás diciendo que eres farmacéutico y no hablas inglés?" Y una vez más, no obtuve respuesta.

Entonces el hombre que acababa de entrar (que también era alemán) vino hacia mí y me dijo que podía ayudarme. Le dije lo que necesitaba, y se lo dijo al farmacéutico en alemán. Luego sonrió y me dio las medicinas.

Le dije a mi amiga lo que sucedió y que necesitaba volver a ese lugar para regañar al farmacéutico antes de regresar a Canadá. Ella se rio y nunca lo hizo.

* * *

En enero de 1997, emigré a Canadá.

En mi primer año en Toronto, una noche estaba viendo una comedia en la televisión. El comediante decía: "Estaba esta mujer negra haciendo fotocopias, y bueno ni siquiera es negra, era de color ... " Y esta fue la segunda vez que lo escuché. Poco sabía yo que, lo escucharía muchas, muchas veces más adelante en mi vida.

Una vez estaba en mi trabajo, y en medio de una conversación (yo era la única negra), yo de pronto dije, "Como mujer negra que soy..." – todos se pusieron a la defensiva, y se aseguraron de decirlo varias veces que yo ¡!no era negra!! Cuando les dijo: "Bueno, yo no soy blanca, entonces, ¿en qué me convierte eso?" Dijeron que no sabían, pero insistieron en que yo no era negra.

Esa conversación fue muy incómoda (al menos para mí).

Sigan leyendo...

* * *

Nunca pensé tener que hablarle a mi hija adoptada "sobre el tema"
Por Mike Huggins

Me tomó años darme cuenta, pero finalmente comprendo que soy el niño de portada del privilegio blanco. Verás, en papel, lo tuve todo: una Maestría en Negocios Wharton School, un recorrido rápido en la escala corporativa, prestigio y poder. Tuve la esposa, la casa, y dos hermosas niñas. También tuve las ventajas y el ego que vinieron además de ser ejecutivo.

También pensé que era uno de esos blancos que "despertaron". Como vez, en muchos niveles, podría marcar las casillas:

Mi esposa y yo habíamos adoptado a Adrienne, una hija mestiza cuando era bebe.

Tenemos una hija biológica blanca, Katherine.y creíamos que esto traería equilibrio y perspectiva al lidiar con disparidades raciales.

Criamos a nuestras dos niñas para que trataran a todos por igual. Nos mudamos de Nueva Inglaterra a un suburbio de Filadelfia. Para que pudieran crecer en un entorno más diverso: (Definitivamente había más diversidad que en Nueva Inglaterra, ya que era un entorno claramente dominado por los blancos).

Proporcionamos lo que creíamos era, un entorno racial neutral junto con la perspectiva de que todos deben ser respetados y honrados independientemente de la raza.

Pero las señales de advertencia de que el racismo y la discriminación eran realmente un factor que afectó la vida de Adrienne, comenzó cuando era pequeña, y continuó hasta la escuela secundaria y más allá.

En el parque local, Adrienne solía ser la única persona de color. Inevitablemente, alguien se preguntaría por qué estaba allí. y donde estaban sus padres. Ella inocentemente señalaría en nuestra dirección, pero pudimos ver la angustia y la frustración en sus rostros, que alguien "diferente" había invadido su espacio. En más de una ocasión tuve que defendernos por su presencia. Nada algo ni remotamente parecido a esto sucedió cuando su hermana Katherine, fue llevada al parque.

Unos años más tarde, Adrienne estaba paseando al perro en nuestro vecindario exclusivo, cuando fue acusada por una vecina exigiendo saber por qué estaba en el barrio y amenazándola con llamar a la policía. Después de explicar que ella estaba pasear al perro de la familia en su propio vecindario, esta mujer enojada no le creyó y exigió saber para qué servicio de perros ella trabajaba. Obviamente, angustiada, Adrienne vino corriendo a casa, y en seguida fui hacia la vecina para aclararle las cosas. Por supuesto, una vez que le expliqué que ella era mi hija, se disculpó. Claro, un poco tarde, ya que el daño ya estaba hecho a Adrienne, quien estaba recibiendo una educación de primera mano sobre desigualdad y racismo.

Adrienne es una atleta natural y se destacó en el fútbol y lacrosse. Debido a su tez aclarada, la mayoría de los adultos pensaban ella era colombiana, e hicieron todo lo posible para invitarla a sus grupos de juegos infantiles colombianos. Mientras esto suena bastante inocente, Adrienne estaba un poco perpleja al preguntar, si hay grupos de juego colombianos, ¿por qué no hay grupos de juego para niños mixtos o negros? "

En la escuela primaria, me hizo una pregunta simple pero profunda: "Papá, ¿por qué mis amigos blancos viven en casas grandes y mis amigos negros viven en apartamentos pequeños? "Le di una respuesta, pero debo admitir que no estaba muy informado.

Después de obtener su licencia de conducir, se quejó de ser detenida por la policía varias veces mientras conducía con sus amigos negros, pero nunca con sus amigos blancos.

Desafortunadamente, como que cambié el tema y le respondí con una pregunta "¿Qué estabas haciendo mal?" Nunca se me ocurrió que tal vez ella estaba siendo atacada y molestada por su color de piel.

Adrienne se ha convertido en una maravilla mujer, llena de alegría, pasión por la vida e integridad. Su mayoría de edad coincidió con la evolución del Movimiento de *Black Lives Matter* – BLM (La vida de los negros importa). Después de haber sido conmovida y decidir participar en las protestas de BLM, Adrienne tuvo una epifanía sobre su identidad, y sintió una llamada a la acción. Esto resultó en una serie de conversaciones incómodas sobre el racismo y privilegios. Estas conversaciones debieron haber sucedido hace muchos años, pero desafortunadamente yo estaba muy ciego como para ver estas cosas desde otro punto que mi perspectiva privilegiada. A pesar de que, yo debí haber sido quien inicie esta conversación, estoy agradecido de que ella usó su voz para expresas sus frustraciones.

Su primera pregunta fue simple pero profunda: "Papá, ¿por qué nunca me hablaste del tema de "conducir mientras eres negra?". Estas pocas palabras fueron directo al grano del asunto, como nunca consideré la posibilidad de que el racismo viviese tan cerca de casa. Nunca consideré el hecho que la policía puede no estar pendiente de usted, sino ¡más bien podrían estar buscándote! Ella habló sobre la presión que siente para representar su raza, y cómo los medios refuerzan estereotipos raciales. Hablamos abiertamente sobre como la discriminación racial afectaba su vida a diario.

Su tono no era emocional, sino más bien de hechos, sobre algo con lo que claramente había estado viviendo toda su vida.

La discriminación para una persona puede parecer un privilegio, pero no para otro. Junto con el privilegio viene la responsabilidad de escuchar, aprender, defender y ser parte de la solución. He llegado a darme cuenta de que a pesar de que ambas hijas se criaron en el mismo hogar, por los mismos padres amorosos, tiene experiencias profundamente diferentes. Sabiendo que hay otras "Adriennes" en el mundo, me da esperanza de que un cambio real pueda suceder. El cambio ocurrirá si continuamos teniendo estas conversaciones incómodas, y utilizamos nuestro privilegio para ser parte de la solución.

Michael D. Huggins es el fundador de *Transformation Yoga Project*, una organización sin fines de lucro que sirve a las personas afectadas por trauma, abuso de sustancias y encarcelamiento, a través de programas de yoga sensibles al trauma. Mike fue condenado a prisión por un delito menor de cuello blanco, donde vio de primera mano la discriminación a gente de color. También es coautor del libro *Yoga para Recuperación: una guía práctica para la curación.* Él es padre de dos hijas.

* * *

¿Por qué me veo Diferente?

Siempre me pregunté esto mientras crecía, aunque nunca lo verbalicé en voz alta.

Ya que crecí con una madre soltera (al menos desde la edad de casi 6), nunca supe nada mejor. Lo más importante es que nunca supe por qué mis rasgos y mi cabello eran diferentes a la mayoría de mis amigos, vecinos y compañeros de escuela.

Los etíopes y eritreos en su mayoría tienen una nariz recta, hermosos rasgos, y en su mayoría cabello ondulado y rizado. Yo, por otro lado, tenía la nariz chata y el pelo largo y liso.

Recuerdo que muchas de mis amigas siempre me preguntaban dónde estaba mi padre, y no sabía que decir ya que mi madre se negaba completamente a discutir este tema en particular conmigo. Entonces, nunca tuve respuesta para mis amigas, lo que siempre me hizo sentir triste. Además, ellas siempre querían jugar con mi cabello, ya que era largo, y eso me molestaba la mayor parte del tiempo.

Los primeros 12 años de mi vida, fui a una escuela católica italiana privada; pero desde el séptimo grado en adelante, me trasladaron a escuelas públicas, ya que mi madre no podía pagar por mí y por mi hermano.

Mi lucha comenzó en la escuela pública donde los chicos siempre estaban burlándose de mi nariz y hasta de mi cabello. Los problemáticos de la escuela me decían ¡que probablemente era una "bastarda" ya que no tenía padre! Era muy doloroso.

Solía llegar a casa y pararme frente al espejo, mirando mis rasgos. Me preguntaba: "¿Por qué no me parezco a ninguno de mis amigos?"

No comprendía bien el hecho de que en realidad nací de una mezcla de razas, hasta nuestro regreso a Sudán (donde nací), después de la guerra en Etiopía / Eritrea, cuando descubrí que mi padre no era etíope. Era de origen turco y se había criado en Sudán, y ahí fue donde se conocieron mis padres. También aprendí que mi bisabuela era marroquí.

Muchas veces, cuando estaba en Sudán, me llamaban "Al habashiya" que se traduce "Abisinia", algunas mujeres sudanesas (incluso compañeros de trabajo) que tenían algo en contra de los etíopes / eritreos, y porque mi mamá era etíope. Para ellos, en su ignorancia, llamar a un etíope o eritreo "Al habashiya" era un insulto. Cuanto más escuchaba esos susurros, más orgullosa era de mi procedencia.

¡Creo que algunas personas no tienen idea de lo doloroso y deprimente que es cuando te insultan, te discriminan y, a veces, te intimidan!

* * *

Mis experiencias de vida de racismo:
Sinopsis recolectada
Por el Dr. Anthony Hutchinson

En el año 2019, fue mis 52 años de vida. ¿Quién lo hubiera pensado que 52 años después de mi nacimiento en 1967, todavía estaría batallando con racismo "en mi-cara" de la manera más flagrante?

Incluso en mi viaje más reciente, julio de 2019, a Islandia, a pesar de mi vuelo en primera clase en Aerolíneas Iceland y mi estadía en un hotel de 4 estrellas, en Reykjavik, no eran suficiente para evitar que me negaran servicio en tres peluquerías locales vacías, donde todo lo que buscaba era un afeitado de barba. La desconectada pero más común razón era que todo el día estaba reservado, a pesar de que sus locales estaban vacíos. La única persona frecuentándolos, fíjate, era yo, una persona de color de un metro noventa de, buscando una afeitada de barba, acompañado por mi pequeña compañera de cabello rubio y ojos azules, quien solo podía jadear al presenciar cómo era el racismo para su amado compañero.

No hace falta decir que, al regresar a Canadá, descaradamente fui víctima de segregación racial por un agente de servicios fronterizos de Canadá (CBSA), lo confronté porque no tenía absolutamente ninguna razón para detenerme y cuestionarme, aparte del hecho de que yo era una persona grande y alta de color, acompañado de mi novia rubia. Desafortunadamente, los últimos episodios de "racismo en mi cara" (cuatro veces en dos días) fueron los que toparon la cumbre de esta montaña de experiencias.

A pesar de ser un médico de práctica clínica psicosocial, así como un asesor forense calificado por la corte en varias ocasiones, mis experiencias continuas como objetivo del racismo son tan constantes hoy como lo fueron en los tiempos de mi juventud.

Puedo recordar, en mi primer año en la escuela primaria, en Burnaby, Colombia Británica, cuando un muchacho mayo caucásico m, en el baño, me dijo: "Si te lavas lo suficientemente bien, tal vez puedas csacarte toda esa suciedad de tu piel ". Por supuesto, la escuela en sí no me ayudó de la misma manera que en ese mismo año de primer grado, un trabajador social de la escuela me etiquetó como "retrasado mental". Esto hizo que me refirieran al psicólogo clínico de la junta escolar quien me diagnosticó, siendo el único chico moreno en mi clase de primer grado, como, sin duda alguna, retrasado mental. Mi madre se negó a aceptar este diagnóstico erróneo y me llevó a mi médico de cabecera, quien informó que no podía ver la pizarra en mi clase, no porque fuera un niño de piel morena y retrasado mental, pero porque necesitaba anteojos por tener una miopía severa.

En el grado 4, a pesar de ser el mejor portero de hockey y de fútbol de la escuela, mi maestro de cuarto grado optó por dejarme en la banca, a pesar de las ardientes protestas de los estudiantes y gran parte de mis compañeros de clase, a favor de un compañero de clase caucásico, quien demostró por completo que era peor portero en ambos deportes comparado conmigo.

En el grado 7, las muchachas caucásicas en la escuela se burlaron de mí como era el único chico de piel morena en mi clase, y salpicaban mi uniforme blanco de la escuela católica, con pintura roja. Luego, en el Grado 8, estaba enamorado de una linda chica rubia de mi clase, entonces fui a darle una de mis fotos de escuela, mientras uno de mis "amigos" pasó detrás mío y, al alcance del oído de la niña, dijo: "Tu imagen parece un poco oscura, ¿no?" En el mismo año escolar, mis compañeros de clase se burlaban siempre de mí me ponían apodos llamándome "Abdul", a pesar de que mi nombre real es "Tony Hutchinson "

Incluso en mi Iglesia Pentecostal (donde mi madre insistió en llevarnos a mi hermana y a mí, como un lugar sagrado y amoroso), pasé una situación desagradable, un niño mayor que yo me dijo: "Oye paquistaní ¿Sabes cuál es la diferencia entre tú y un tarro de excremento? El tarro", dijo burlándose, antes de que yo pudiera responder.

Cuando me mudé a Ontario, a la edad de 19 años, mi jefe, en una farmacia (donde conseguí un trabajo como empleado de almacén), me llamaba "J.B." - abreviatura de "Jungle Bunny" (conejo de la jungla). También me llamaba"la rata" ya que no sabía de dónde venía. Como resultado de que él se burlara de mí, el personal de la farmacia a menudo hacía lo mismo a diario, haciéndome sentir aún más humillado por el año y medio que pasé en esa farmacia.

Cuando finalmente ingresé para obtener mi Bachillerato de Trabajador Social en la Universidad de York, a pesar de la progresiva postura contra la opresión de la universidad, el profesor de estadística caucásico, en ese entonces, era constantemente hostil conmigo siendo el único hombre de color en su clase, mientras que él tenía la tendencia de mirar fijamente a muchos de los estudiantes jóvenes y bonitos.

Igualmente, cuando completaba mi doctorado en la Escuela de Trabajador Social de la Universidad Wilfrid Laurier, mi profesor de métodos de investigación caucásicos expresó (después de que se enteró de que había recibido un puesto de trabajo permanente en otra universidad): "Ahora que tú mismo tienes un trabajo de profesor, supongo que ya no tienes que jugar la tarjeta de racismo".

Si bien todas estas experiencias de racismo fueron de hecho horribles para mí, quizás uno de los episodios más humillantes ocurrió alrededor del 2004, cuando salí con un grupo de amigos mayormente caucásicos al centro de Toronto. Recuerdo lo triste que me sentí después de que nos detuvimos a comprar algo de "comida callejera" a un vendedor de perros calientes, y un tipo aparentemente indigente me gritó: "Oye negro, vete a la x∞x tú y tu perro caliente". Ninguno de mis "amigos" dijo una palabra en mi defensa.

Mis experiencias posteriores de ser perfilado racialmente por miembros del Servicio de Policía de Toronto (TPS) por "se conductor de color" y otros casos de detención innecesaria por agentes del servicio fronterizo, han sido numerosos. En pocas palabras, esto sucede a pesar de mi estatus profesional y académico. Incluso en la universidad donde estoy empleado como Jefe de Departamento y Director de Programa en Salud y Servicios Humanos (y tengo el rango del Profesor Asociado), uno de mis queridos colegas se me acercó en un evento de reclutamiento de estudiantes y me dijo: Anthony, hay una joven negra allí; tal vez podrías ir a hablar con ella " No pretendía hacer daño.

Dr. Antony Hutchinson
BSc (Psicología), BSW, MSW, PhD
Médico o Práctica Clínica Psicosocial
Asesor forense, administrador de casos, epidemiólogo

Notas

_____

_____

_____

_____

_____

_____

_____

_____

_____

_____

_____

_____

_____

_____

_____

_____

_____

_____

_____

_____

Notas

Notas

CAPÍTULO SEIS

ESTATUS, DISCAPACIDAD Y APARIENCIA

"No importa nuestro estatus social,
o cuán poderosos seamos, todos somos iguales.
Llegamos a esta Tierra vacíos y nos iremos vacíos.
¡Cuando muramos, seremos juzgados solo por nuestras obras "
Gaby Abdelgadir

6

Burlado por no tener el estatus

Aquí hay algunas historias de mis entrevistas:

* * *

Siendo tan joven e inocente, cometí un gran error una vez al decirle a un niño, que pensé que era mi amigo, que yo estaba viviendo en un hogar de albergue y no había visto a mis padres durante mucho tiempo. Yo también le dije que mi papá estaba en la cárcel por violencia.

Lo que pasó al día siguiente fue un día que nunca ¡olvidaré!

Resultó que el niño con el que compartí mi historia se lo contó a algunos de los otros niños, y todos me miraban raro en la clase. Al principio, no estaba seguro de lo que estaba pasando, o por qué estaban mirándome de una manera extraña, pero estaba a punto de descubrirlo pronto

En el recreo, algunos de los niños me arrinconaron y dijeron, ¡oye niño arrimado!! "y todos se rieron de mí. "¿Es por eso que nunca te cambia esas ropa sucia y barata, y a veces hueles raro? ¡¡Jajaja!! ¿Y por qué está tu papá en la cárcel? ¿Te agarró a patadas en ese trasero apestoso?" Y dijeron mucho más.

Recuerdo que salí corriendo de la escuela llorando y no volví hasta ¡el día siguiente! El niño a quien yo le había confiado vino a disculparse y me dijo que habló con los otros niños y les dijo que no me molestaran más. ¡Pero el daño ya estaba hecho!

Desde ese entonces, me aislé, y hubo momentos en los que quería morir. Empecé a quedarme en clase durante el recreo y salía corriendo a casa después de la escuela. Me tomó más de un año, desde ese incidente, y poco a poco empecé a jugar afuera con otros niños.

* * *

Estábamos en séptimo grado cuando un día en el recreo, estábamos sentados comiendo bocadillos, y la conversación resultó ser sobre cómo nuestros padres se ganaban la vida.

Uno de los niños que fue criado por una madre soltera, dijo que su mamá era contadora y trabajaba para una gran firma de contadores.

Otro niño dijo que su papá era un hombre de negocios y que la mamá ayudaba en el negocio.

El siguiente dijo que su papá era abogado y que su mamá no trabajaba porque estaba cuidando a la familia.

Cuando fue mi turno, dije que mi papá era taxista. Los niños se quedaron en silencio, me miraron durante unos segundos, se miraron entre ellos, y luego se ¡echaron a reír! Cuando les pregunté qué era tan gracioso, uno de ellos respondió: ¡Eso no es un trabajo! Les dije que claro que sí, ¡y todos se pusieron a reír de nuevo! Desde entonces, se burlaron de mí y de mi papá, durante bastante tiempo. ¡Ellos se referían al trabajo de mi papá como si fuese algo vergonzoso!

No le dije nada a mi papá, pero le dije a mi mamá. Ella estaba molesta y me dijo que al menos mi papá trabajaba a su propia cuenta y que no tenía que dar informe a nadie. Puede tomar vacaciones en cualquier momento que quiera, sin tener que pedir permiso a nadie.

La respuesta y la explicación de mi mamá me hicieron sentir mucho mejor, y en lugar de sentir vergüenza, ¡ella me ayudó a sentirme orgullosa!

* * *

Mis padres y mis dos hermanas vivíamos en un edificio subsidiado por ser habitados por gente de bajos recursos "Metro-housing", esto hasta que fui a la universidad. Durante los años de la secundaria año, mis hermanas y yo fuimos tratados como de bajo nivel (y desfavorecidos), ya que nuestros padres no tenían casa propia ni coche. Eso no fue una experiencia agradable. Algunos (no todos) de los padres de los estudiantes ni siquiera nos querían en sus casas.

Recuerdo una vez cuando una compañera de clase me preguntó: "No es cierto que todos los traficantes de drogas viven en esos edificios? Yo no había escuchado ese término hasta que ella lo dijo.

Mis padres eran muy trabajadores y se aseguraron de que tuviéramos todo lo que necesitábamos para nuestra educación,

91

algo que me tomé muy en serio, y me juré a mí misma que después de graduarme y obtener un trabajo bien remunerado, iba a trasladar a mi familia y comprarle un auto a mi padre ¡Y lo hice!

De todas las experiencias que pasamos, mis hermanas y yo hemos aprendido a nunca juzgar a las personas y a ser siempre amable y servicial con todos los seres humanos, ¡especialmente con los más desfavorecidos!

* * *

La mayoría de mis amigos en la escuela usaban ropa de diseñador. ¡Sus zapatos para correr valían más de $ 300! Siempre usé zapatos que no eran de diseñador, principalmente de Walmart y tiendas similares. Muchas veces fui el centro de bromas y burlas de mí por mi vestimenta y zapatos "baratos".

Tan pronto cumplí 15 años, conseguí un trabajo a tiempo parcial en una tienda de comestibles, horré mi dinero y compré mis primeros zapatos para correr costosos, pagué un poco más de $ 200. Y así me convertí en una broma por usar mi primer "zapatos de marca".

Lo que aprendí a lo largo de los años, no importa lo que intentes, nunca se puede ganar. Entonces, dejé de comprar cosas caras y ahorré mi dinero para un coche.

* * *

Discapacidad y cómo algunas personas son tratados

¡Los humanos pueden ser realmente duros!

Al crecer, escuché que los niños y adultos eran llamados por apodos "el una-pierna" es un ejemplo, para alguien que ha perdido una pierna.

La gente puede estar casualmente teniendo una conversación sobre un evento o sobre alguien, y en lugar de llamarlos por sus nombres, se refieren a ellos por su discapacidad. El ciego, el de cuatro dedos, el retrasado mental, el loco, la lista no para.

También he escuchado historias de personas que abandonaron a sus hijos recién nacidos por tener algún tipo de deformación al nacer.

Muchos padres que tenían un hijo discapacitado solían esconderlo en casa para evitar el acoso en el mundo exterior.

Cuando tenía alrededor de 15 años, teníamos una vecina que estaba embarazada, y recuerdo que su marido la golpeaba de vez en cuando, y la oíamos gritar. Un día el marido la estaba golpeando y, para agregar le decía a grito: "Si das a luz a un niño discapacitado o feo, ¡me divorciaré de ti! ¿Pueden creerlo?

Recuerdo que mi mamá recogió algo de metal pesado se le acercó al marido y le dijo: "¡Si alguna vez la tocas de nuevo o la insultas de alguna manera, te parto la cabeza con esto! "Yo estaba horrorizada!!! El chico estaba en shock y miró a mi mamá fijamente, y luego le preguntó: "Roma, realmente ¿Me harías eso?" A lo que ella respondió:"¡Inténtalo nomas!"

Nunca escuchamos más gritos o insultos, al menos no hasta que nos mudamos de país, nunca nadie se metía con mi mamá (QEPD Mamá).

Estoy muy agradecida de ver que ahora hay tanta ayuda para niños con discapacidad y sus padres.

* * *

Aquí, les compartiré algunas de mis conversaciones aleatorias:

* * *

Estaba en el metro un día, de camino a casa desde el trabajo, y una señora mayor cojeaba y llevaba una bolsa pesada. Podría decir que estaba sufriendo, y me ofrecí a ayudarle a llevar su bolso por ella hasta que llegue el tren y ella consiga un asiento. Al principio, miró extrañamente (tal vez porque soy negra). Sonreí y le dije que no se preocupe, y que yo era una buena persona y solo estaba intentando ayudarla. Después de un poco de titubeo, ella estuvo de acuerdo y me entregó su bolso.

Una vez que llegó el tren, nos subimos y solo había un asiento, en el que me aseguré de que se sentara. Me paré cerca de ella, y ella seguía mirándome, y cada vez yo le sonreía. Después de algunas estaciones, el chico que estaba sentado a su lado se fue, así que me senté. Luego me agradeció y me dijo que la gente la trataba muy mal la mayor parte del tiempo.

"Sabes, no importa que me ayuden o no con lo que sea que cargue, cuando me subo al autobús o al tren, incluso si ven que estoy cojeando, rara vez alguien me ofrece un asiento. ¡De hecho, algunos me dan una mirada extraña! Entonces, realmente aprecio lo que hiciste ". Luego le pregunté cómo se había lastimado la pierna. "oh, mi pierna derecha es más corta que la izquierda; por eso camino así. Nací de esa manera. "Yo le pregunté cómo lo había pasado en la escuela en su juventud y su respuesta fue: "¡Dios mío, ni siquiera me hagas empezar, el bullying que me tocó vivir! Algunos niños pueden ser muy duros. Muchos de ellos me insultaron y se burlaron de mí a tal punto que yo no quiero ir mas a la escuela, pero mis padres me animaron. Te podría contar historias todo un día.", y sonrió.

Era hora de bajarme en mi estación, la abracé y le dijo que era hermosa y que nunca debería preocuparse de cómo la ve la gente.

Estoy seguro de que le alegré el día, pero lo más importante es que me sentí muy bien por poner una sonrisa a su rostro.

* * *

Otro gran problema que enfrenta la humanidad es "la salud mental."

Depresión
Temor
Ansiedad
Ira

La cantidad de jóvenes que pasan por cualquiera de lo mencionado arriba está en tremendo crecimiento.

Lo más triste es que las familias que tienen hijos sanos NO tienen ningún conocimiento de la gravedad de la salud mental.

Algunos incluso chismean sobre los hijos de otras personas: "Es inútil y no le va bien en la escuela. Él/ella es raro " Ellos se limitan a hablar mal y chismorrear sobre las familias en lugar de tratar de entender (eso es si les importa) los problemas por los que están atravesando.

¿Cuántos niños se han suicidado debido a una enfermedad mental?

¿Por qué sucede? ¿Es porque nadie se da cuenta de su sufrimiento en silencio? ¿Es porque a nadie le importa? ¿Se debe a la pérdida del trabajo? O ¿Es porque están siendo discriminados o están siendo intimidados por una razón u otra?

Todos necesitamos estar más atentos y sensibles cuando tratamos con cualquier persona que esté luchando contra la enfermedad mental, en lugar de chismorrear sobre ellos o ignorarlos por completo.

Todos aquellos que sufren de depresión, miedo o ansiedad, necesitan más amor, apoyo y comprensión.

Notas

Notas

_____

_____

_____

_____

_____

_____

_____

_____

_____

_____

_____

_____

_____

_____

_____

_____

_____

_____

_____

_____

Notas

_____

_____

_____

_____

_____

_____

_____

_____

_____

_____

_____

_____

_____

_____

_____

_____

_____

_____

Notas

CAPÍTULO SIETE

ES HORA DE CREAR CONCIENCIA, IGUALDAD, ACEPTACIÓN Y RESPETO

"Un libro, un bolígrafo, un niño,
y un maestro pueden cambiar el mundo ".
Malala Yousafzai

Aprende a ACEPTAR, AMAR y RESPETAR
a los Individuos por quienes son

Nuestro mundo no evolucionará para mejor hasta que todos decidamos cambiar nuestra perspectiva sobre cómo nos vemos a nosotros mismos y a los demás, y como tratamos a los demás. Debemos entender que todos somos seres humanos e iguales.

Cada uno de los problemas que surgen para ser resueltos requiere conciencia, percepción y un llamado a la acción para anclar el tipo de vida que queremos co-crear.

Podemos comenzar esta transición en casa mostrando y enseñando a nuestros hijos que amen y acepten a todas las personas que parecen diferentes que ellos. La bondad disuelve la agresión, el juicio, competencia, separación, asalto y cualquier acción de destrucción. Llevemos luz a cada rincón oscuro y creemos juntos nuestro nuevo mundo.

Crear conciencia a través de nuestras diferentes comunidades, como iglesias, mezquitas, sinagogas y todos los demás centros comunitarios culturales, es fundamental para erradicar esta enfermedad llamada discriminación. Como dice el refrán, "El conocimiento es poder". Creo que este tema debe incluirse en el plan de estudios de la escuela. Déjennos llevar compasión, equilibrio, equidad, y justicia al sistema de educación, ya que nuestros hijos son el futuro.

Todo ciudadano puede ser activo y participar en la prevención para poner fin a cualquier acoso y abuso basado en la discriminación, debido al color de la piel, la raza, la religión o el estatus. Es nuestro propósito en toda sociedad de observar, prevenir y protegerse mutuamente. Participe en la creación del entorno seguro y armonioso que todos anhelamos como seres humanos.

Debería establecerse una política de tolerancia cero para cualquier tipo de discriminación sin ninguna duda, de forma continua y concienzuda.

Tantos niños y adultos sufren, desarrollan enfermedades mentales y terminan con sus vidas porque son acosados e intimidados.

Nuestro sistema en este momento no es lo suficientemente activo o fuerte para ayudar a las víctimas, ni tampoco a los perpetradores. Aportando conciencia y educación a todos los rincones del planeta, en el lado negativo y los efectos de cualquier tipo de discriminación, ya sea física, psíquica, o emocional, es crucial. Nos hemos acostumbrado a la destrucción y disfunción en todos nuestros sistemas; es hora de despertar. Es el derecho con el que nació toda persona a tener derechos iguales, iguales oportunidades, igualdad de trato y justicia, libertad, aceptación, paz y armonía.

¡DEBE DETENERSE Y SER TRANSFORMADO EN BONDAD!

Solo imagina un mundo lleno de bondad, paz, aceptación, amor. y respeto por los demás, viviendo en equilibrio y unidad.

Podemos hacerlo; unidos, podemos prosperar. Un cambio en nuestra conciencia puede llevarnos a liberarnos de todos los comportamientos negativos, hábitos y acciones que heredamos.

Quitémonos la venda de los ojos para ayudar a la humanidad a ver las cosas claramente. Ha llegado el momento de la co-creación y la transformación de un Mundo Unido. Quitémonos ese peso de encima e iluminemos el Planeta.

¡Plantemos las semillas de la TRANSFORMACIÓN!

* * *

Cada acto por pequeño que sea y que trae consigo un cambio positivo, hace que el mundo sea un mejor lugar.

Cada paso por pequeño que sea hacia la equidad para todos convierte al mundo en un lugar de bondad.

Cada pensamiento por pequeño que sea para ayudar a otro hace que el mundo sea un lugar seguro.

Cada palabra amable a otro hace del mundo un lugar pacífico.

¡Cada persona hace una diferencia en el mundo!

¡Cada persona cuenta e importa en el mundo!

* * *

Notas

Notas

_____

_____

_____

_____

_____

_____

_____

_____

_____

_____

_____

_____

_____

_____

_____

_____

_____

_____

_____

Notas

_____

_____

_____

_____

_____

_____

_____

_____

_____

_____

_____

_____

_____

_____

_____

_____

_____

_____

_____

_____

SOBRE LA AUTORA

Gaby Abdelgadir vive en Toronto, Ontario, Canadá.

Ha vivido en 3 países diferentes antes de emigrar a Canadá, y sus experiencias con la discriminación, ya sea a ella misma o haber presenciado lo que les sucedió a muchos otros, la llevó a apasionarse por la lucha por la igualdad, la aceptación y el respeto.

Gaby es una autora de bestseller internacional que está constante e incansablemente marcando la diferencia en el mundo.

Gaby es una defensora de la igualdad, la justicia y la bondad en el mundo al concientizar a todos, sobre nuestros prejuicios y sus impactos en la sociedad.

Al escribir este libro sobre discriminación, se muestra el compromiso, dedicación y pasión por tocar a las personas de una manera positiva.

A medida que lea este libro y todas las historias inspiradoras, comprenderán los tipos de discriminación que provocan la separación, división, agresión, violencia, abuso, guerra, rechazo, arrogancia, y odio.

Estamos programados por nuestra nación, cultura, padres y entorno para discriminar ciertas cosas y personas a menudo inconscientemente, lo que da como resultado nuestro comportamiento específico hacia los demás.

Incluso se podrán relacionar con algunas de las historias de este libro, o tal vez tener un momento detonador en el que concienticen que todos somos humanos, iguales y merecemos los mismos derechos y trato.

Gaby es una instructora certificada de *Canfield Success Principles*, con lo que ayuda a personas a ir de donde están a donde desean llegar

Gaby también es coach certificada en "El método Linn para despejar el desorden" y usando sus habilidades de Feng Shui ayuda a sus clientes a ordenar su hogar, mente, tiempo y relaciones personales.

Sitio web:
www.thebookondiscrimination.com
www.totaldeclutter.com

FB: https://www.facebook.com/gabydeclutterqueen/

Twitter: https://twitter.com/GabyAMula
Instagram: https://www.instagram.com/gabyabdelgadir/

LinkedIn:
https://www.linkedin.com/in/
gaby-abdelgadir-int-I-bes-selling-author-83855271

SOBRE LA TRADUCTORA

Erika Aguilar es peruana de nacimiento y se considera ciudadana internacional por su pasión por viajar, conocer el mundo aprendiendo sobre otras culturas e idiomas. Radica fuera de su tierra natal desde febrero del 1997; actualmente vive en Ontario, Canada.

Cuando la oportunidad para participar como intérprete del presente libro se le presentó, no lo dudo e inmediatamente consideró el proyecto ya que al leer las historias compartidas se pudo identificar con las diferentes experiencias de discriminación que ha pasado en su vida.

La constante lucha por la igualdad y los derechos humanos no es nueva para ella, a través de su vida ha participado en diferentes organismos representando la minoría y desde ahí nace su pasión por la igualdad. "Si te encuentras en una situación donde tu voz es escuchada, úsala", es su lema. Muchas veces pensamos que solos no podemos hacer cambios, sin embargo, es todo lo contrario – agrega - Es hora de crear conciencia en todo ámbito: personal, social y profesional. Todos somos parte del sistema que permite la discriminación y desigualdad, por ende, somos responsables del cambio.

Erika Aguilar es coach de negocios, madre de familia, esposa, administradora de diversos negocios propios y familiares y voluntaria activa en su comunidad. Erika, además, es co-autora de bestseller internacional.

Sitio web: www.completecuservices.com

FB: https://www.facebook.com/ErikaAguilar

Twitter: https://twitter.com/ErikasIdeas

Instagram: https://www.instagram.com/ErikasIdeas

LinkedIn: https://www.linkedin.com/in/
Erika-Aguilar-55786740

www.ingramcontent.com/pod-product-compliance
Lightning Source LLC
Chambersburg PA
CBHW072234290326
41934CB00008BA/1294